존 배리는 고린도후서에 있는 우리의 삶, 인간관계, 사역에 대한 수많은 실제적인 통찰을 이 책에서 아름다운 문체로 설명한다. 그는 고린도후서 전체가 어떻게 조화를 이루는지 보여 주고, 세상을 향한 그의 마음은 자신이 개인적으로 경험한 일뿐만 아니라 다양한 문화권에서 가져온 예화들을 통해서 빛을 발한다.

- 크레이그 S. 키너(애즈베리 신학교 신약학 교수)

이 책에서 존 배리는 우리와 함께 고린도후서를 탐구하면서, 우리가 바울의 마음을 들여다보게 하고, 누구나 이해할 수 있는 언어와 예화로 바울의 메시지를 우리 세상과 연결한다. 이 책은 다른 대부분의 주석과는 다르다. 도전적이면서도 재미있게 읽을 수 있는 책이다. 바울의 메시지를 전할 때의 그 명료함은 존 배리가 고린도후서의 각 구절을 철저히 파고들고 그 구절의 함의를 깊이 생각했음을 보여 준다. 존 배리는 문화적 격차를 해소하고 바울의 메시지를 현대적이고 실용적으로 만드는 데 능숙하다.

- 게리 W. 데릭슨(코반 대학교 성경 신학 교수)

어둠을 끊어 내다: 고린도후서

Cutting Ties with Darkness: Second Corinthians

어둠을 끊어 내다: 고린도후서
Cutting Ties with Darkness: Second Corinthians

존 배리 지음
안규식 옮김

초판 1쇄 인쇄 2023년 6월 5일
초판 1쇄 발행 2023년 6월 15일

발행처 도서출판 이레서원
발행인 문영이
출판신고 2005년 9월 13일 제2015-000099호

기획, 마케팅 신창윤
편집 송혜숙, 오수현
총무 곽현자

경기도 고양시 일산동구 백석로 71번길 46, 1층 1호
Tel. 02)402-3238, 406-3273 / Fax. 02)401-3387
E-mail: Jireh@changjisa.com
Facebook: facebook.com/jirehpub

책값은 표지에 있습니다.

ISBN 978-89-7435-634-7 04230
ISBN 978-89-7435-500-5 04230 (세트)

11 일상을 변화시키는 말씀

어둠을 끊어 내다

: 고린도후서

Cutting Ties with Darkness
Second Corinthians

존 배리 지음
크레이그 바르톨로뮤 시리즈 편집
안규식 옮김

이레서원

"너희는 믿지 않는 자와 멍에를 함께 메지 말라
의와 불법이 어찌 함께하며 빛과 어둠이 어찌 사귀며
그리스도와 벨리알이 어찌 조화되며
믿는 자와 믿지 않는 자가 어찌 상관하며
하나님의 성전과 우상이 어찌 일치가 되리요…"

(고후 6:14-16)

목 차

※ 일러두기

저자가 성경 구절을 직접 번역한 경우, 이 책에서는 새번역 성경을 기본으로 하고 저자의 표현대로 수정했습니다.

예수님을 내 삶의 중심에 두게 한,

친애하는 동료 폴 포스에게,

그리고 예수님의 이름 안에서 자유를 찾고자 하는 모든 이들에게,

마침내 여러분은 그 자유를 발견할 것입니다.

1장

서론: 생명 줄

"다시 되돌아갈 수 있을까? 돌이킬 수 없음을 마음 깊은 곳에서 알기 시작했다면 어떻게 해야 할까? 시간도 해결해 주지 못하는 것들이 있어. 어떤 것들은 매우 깊은 상처를 남기기도 하지." 프로도 배긴스(「반지의 제왕」 등장인물 — 역자 주)가 영화 「반지의 제왕: 왕의 귀환」의 결말 부분에서 이 말을 했을 때, 그들은 온갖 짐을 떠맡은 사람처럼 깊은 슬픔에 빠져 있었다.[1] 이 말은 내가 맺었던 관계들에 대한 몇 가지 사실을 떠올리게 한다. 나는 종종 궁금하다. "지금까지의 이 모든 상처에도 불구하고, 우리가 어떻게 다시 예전으로 돌아갈 수 있을까?" "우리의 우정에는 정말 아무것도 남지 않은 것일까?" 이 말에 담긴 마음이야말로 바울이 고린도후서를 기록했을 당시 느꼈던 감정임이 틀림없다. 매우 개인적인 마음을 담아 쓴 이 편지에서 바울은 사람들 사이의 관계에 대한 심오한 통찰을 건네준다. 바울은 사랑과 고통을 모두 품고 이 편지를 썼다. 그는 관계를 끊는 것에 관해, 그리고 그 관계를 회복하는 것에 관해 편지를 썼다. 그는 그리스도의 인격에서 볼 수 있는 것처럼 하나님을 삶의 중심에 두는 것을 가장 중요하게 여기면서 글을 썼다. 바울은 겸손하고 온유했다. 그와 동시에 그는 대담하고 단호했다.[2] 그러나 나는 바로 이 자리에서 핵심을 이야기하고 싶지는 않다. 나는 바울을 통해 이 일을 시도할 것이다. 우리는 바울과 함께 과거의 상처를 지혜롭게 풀어 가는 여정을 함께해 나가면서, 어둠이란 무엇이고 그 어둠을 어떻게 끊어 내는지에 관한 방법을 배울 것이다.

개요

고린도후서는 고통스러운 마음으로 쓴 편지다. 바울은 예수님의 복음 때문에 많은 고난을 겪었고, 이제 자신이 고린도에서 세운 교회와의 관계를 지키기 위해 힘쓰고 있다(고전 3:6; 고후 1:8-2:4). 바울은 최소 1년 반 동안 고린도에서 천막 만드는 일을 하면서 그곳에 교회를 개척했다(행 18:1-18).[3] 바울은 아무것도 없는 척박한 상황에서 그리스도를 힘입어 고린도 교회를 생명력 있는 교회로 세우고, 이들에게 "값없이" 하나님의 복음을 전했다(고후

11:7-9).

배경

고린도후서에서 설명된 사건들은 아마도 바울의 3차 선교 여행(AD 52-57년경) 기간에 일어났을 것이다. 바울은 2차 선교 여행(행 18장; AD 49-51년경) 중에 고린도 교회를 세웠다.

하지만 바울은 고린도를 떠난 후 얼마 지나지 않아 고린도 교회가 공공연히 음행을 하는 그리스도인들을 공동체 안에서 허용하고 있다는 사실을 알게 된다(고전 5:9-11). 바울은 이러한 일을 막기 위해, 신자들은 예수님을 믿는다 말하면서 공공연하게 죄 가운데 사는 사람들과는 사귀지 말아야 한다고 당부하는 편지를 쓴다(고전 5:9). 바울이 고린도에 처음 보낸 편지의 사본은 남아 있지 않다. 우리가 위와 같은 사실에 대해 알 수 있는 모든 것은 고린도전서(실제로는 바울이 고린도에 보낸 두 번째 편지)에서 알아낸 것이다.

바울은 첫 번째 편지를 보낸 후에, 한 교인에게 고린도 교회에 분쟁이 일어나고 있다는 보고를 받는다(고전 1:11). 이 보고가 전해진 때와 거의 같은 시기에, 고린도 교인들은 바울에게 실제적인 질문들로 가득 찬 편지를 보낸 것으로 보인다.[4] 이 질문들을 다루기 위해서 바울은 그들에게 두 번째 편지를 쓴다. 이 편지가 바로 고린도전서다.

고린도전서에서 바울은 고린도 교회가 죄 가운데 살아가는 모든 사람들에게서 분리되기를 원하는 것은 아니라고 설명한다. 그 대신에, 고린도 교인들은 예수님을 믿는다고 주장하면서도 죄를 아무렇지도 않게 여기는 사람들에게서는 분리되어야 했다(고전 5:10-11).[5] 바울은 이 문제가 고린도 교회에 매우 치명적인 것이라 간주하고, 고린도 교인들에게 "이 악한 사람은 너희 중에서 내쫓으라"(고전 5:13; 고후 6:14-7:1과 비교하라)라고 말한다.[6]

바울은 고린도전서를 보내고 나서 어느 정도 시간이 흐른 후, 고린도를 "근심 중에 방문"한다. 그 방문 기간 동안 고린도 교인들은 그들이 바뀌어야 한다고 바울이 생각하는 부분에 관해 바울과 논쟁을 벌인다(고후 13:2). 그 결과, 바울은 오늘날 우리에게는 전해지지 않은 또 다른 "근심스러운 편지"를 쓰게 된다(고후 2:3-4; 7:8, 12을 보라). 이 세 번째 편지에 이어 바울은 우리에게 고린도후서로 알려진 네 번째 편지[7]를 기록한다.

고린도후서에서 우리는 바울이 고린도 교인들과 주고받은 편지들이 이들의 삶의 방식을 거의 바꾸지 못했다는 사실을 확인할 수 있다. 적어도 이들은 문제가 있었던 한 명의 신자를 교회에서 쫓아냄으로써 회개했고, 이제 그 사람과 다시 화해하기 위한 방법을 찾았지만, 그 외에 크게 달라진 것은 없었다(고후 2:5-11). 그런데 더 심각한 문제는 적어도 몇몇 고린도 교인들은 여전히 바울과 그의 권위에 관하여 문제를 제기했고, 거짓 사도들을 따르고 있었다는 것이다(고후 11:1-15). 또한 이들은 공공연하게 죄 가운데 살고 있었고, 소위 죄를 짓는 여러 사람들을 받아들이고 있는 듯했다(고후 12:20-21). 하지만 이런 문제들은 고린도 교회의 안녕을 위협하는 심각한 것이었다. 예루살렘에 사는 가난한 사람들은 고린도 교인들이 보내는 연보를 기다리는 동안 자신들의 삶이 어떻게 될지 모르는 상황에 놓여 있었다(고후 9:1-3). 또한 바울은 땅끝까지 복음을 전하는 사역 역시 고려해야 했는데, 왜냐하면 그는 아직 복음을 접하지 못한 지역들에 예수님의 복음을 전하기 위한 출발점으로 고린도 교회를 생각하고 있었기 때문이다(고후 10:16). 따라서 만약 고린도 교인들이 어둠을 끊어 내지 않는다면, 그들 자신은 물론 다른 이들에게도 고통이 찾아올 것이다. 하지만 그들이 이러한 사실을 직시할 수 있고, 이를 받아들일 수만 있다면, 예수님은 분명 더 나은 길을 보여 주신다.

이런 맥락은 고린도후서 전체의 내용을 잘 설명해 준다. 바울이 "멍에를 함께 메지 말라"라고 말했을 때, 그가 의미했던 바는 이것이었다. 첫째, 진실한 마음으로 예수님을 위해 살지 않는 신자들과 사귀어서는 안 된다는 것이다. 둘째, 예수님을 자신의 삶에 중심으로 두지 않는 사람과 어떤 모양으로든 친밀한 관계나 협력 관계를 맺는 것은 결국 우리를 파멸로 이끈다는 것이다(고후 6:14).

우리는 우리를 어둠으로 끌어들이는 것은 무엇이든 혹은 누구든 그와의 관계를 끊어 내야만 한다.

바울은 신자들이 그들과 같은 믿음을 공유하지 않는 사람들과도 교제하기를 원했다. 단지 그 관계가 그들을 어둠 속으로 끌고 들어가는 것을 원치 않았을 뿐이다. 고린도 교회의 신자들은 세상을 변화시켜야 했지, 세상으로 인해 변질되어서는 안 되었다. 바울은 고린도 교회 신자들이 고착된 삶의 방식에서 벗어나 예수님의 방식을 온전히 받아들이는 모습을 보기 원했다.

고린도후서에서 우리는 바울이 사도이자 그리스도 안에서의 형제로서 고린도 교인들에 대해 책임감을 느끼고 있음을 보게 된다(고후 1:1; 11:2).[8] 바울은 고린도 교회의 신자들을 그대로 내버려 둘 수는 없었다. 그는 발생했던 분쟁들을 해결하기 위해 연락을 취했고, 고린도 교인들과 함께 동역할 수 있기를 소망했다. 아마 바울은 고린도 교인들과 지내 왔던 이전의 관계로 되돌아갈 수 없었을지 모른다. 그러나 그는 여전히 그들과의 관계를 더 나아지게 만들고 싶었다. 바울은 예수님의 새 언약 아래서 산다는 것이 의미하는 바를 알고 있었는데, 다시 말해서, 고린도 교인들의 삶은 변화할 것이고 결국에는 그들이 다시 바울과의 이전 관계로 되돌아올 것이라는 믿음을 가지고 있었다.

그러나 이 일은 단순하지 않았다. 고린도 교회에는 거짓된 지도자들이 있었고, 오랜 친구들은 적이 되어 있었다. 그렇게 관계는 깨어져 버렸다. 바울이 가진 동기와 사역에 관한 의구심도 있었다. 무엇보다 바울은 그 자신이 세운 신자들의 무리 앞에서 시험을 받고 있었고, 오히려 이들이 진정성의 시험을 통과할 수 없다는 것을 바울은 알고 있었다(고후 10:7-8; 12:19-21; 13:5-8). 그리고 고린도 교인들은 분명한 것이 하나도 없었다. 이들은 불투명하고 그늘에 가려져 있었다. 바울은 답을 찾기 위해 삶의 모호한 영역들을 헤쳐 나가야 했다. 어쩌면 이것이야말로 우리 모두의 삶의 모습을 정확히 보여 주는 것이 아닐까?

이단은 결코 "나는 이단입니다."라고 말하지 않는다. 속이는 자는 결코 당신에게 자기가 가진 진짜 의도를 알려 주지 않으며, 친구는 언제든지 당신을 배신할 수 있다. 가족, 심지어 배우자조차도 당신의 신뢰를 저버릴 수 있다. 진정성과 신뢰성을 찾기란 쉽지 않다. 그래서 진정한 친구 역시 찾기 어려운 것이다. 서로의 말을 순수하게 믿어 주는 일은 우리가 가진 상식과는 거리가 멀다. 그리고 다른 사람을 미리 판단하지 않고 진실을 정확하게 말하는 것도 분명 어려운 일이다.

몇몇 고린도 교인들은 자신 안에서 내적으로 싸움을 하고 있는 것처럼 보였다. 그들은 이미 어둠이 그들을 장악하도록 내버려 두었기 때문에 어둠과 빛의 차이를 제대로 볼 수 없었다. 바울은 그

들에게 가르쳐 줄 것이 너무 많았다. 그러나 그들 대부분은 어둠에 눈이 멀어 있었다.[9]

바울의 해답은 어려움에 처한 관계를 어떻게 극복해 나가는지에 대해 우리에게 많은 것을 가르쳐 준다. 바울은 우리가 우리 자신을 먼저 이해하지 않고서는 다른 사람을 진정으로 이해할 수 없다는 것을 알려 준다. 우리는 가장 먼저 우리 스스로를 사탄의 일로부터 분리하지 않고서는 우리 안에 있는 악을 이길 수 없다. 자유로워지기 위해서 우리는 먼저 어둠을 끊어 내야 한다. 그리고 바울은 우리에게 그 방법을 알려 준다.

바울에 따르면, 우리가 가진 이 모든 어려움은 그리스도 안에서 우리가 가진 관점을 새롭게 할 때 명확히 드러난다. 우리는 하나님의 성령의 능력을 받아 우리가 하는 모든 일이 하나님의 거룩함과 사랑의 영향력 아래에 있도록 창조되었다. 인정하기 어렵겠지만, 우리는 예수님을 위해 행동할 수도 있고, 반대로 예수님을 대적하여 행동할 수도 있다. 우리는 그리스도에게 집중할 수도 있고, 반대로 악과 함께 놀아날 수도 있다(고후 5:1-10; 6:15). 어떤 이들에게 이러한 일은 의도적으로 선택한 것이거나, 아니면 그들이 스스로 결정을 내리지 않을 때 기본적으로 이루어지는 선택이다. 또 다른 이들에게는 그 선택이 자기기만의 방식으로 이루어진다. 아직 예수님을 알지 못하는 사람들은 예수님을 위해서 결단을 내리도록 요청을 받는다. 이미 예수님을 아는 사람들은 문화의 영향을 따라가기를 선택하지 말고 매일의 삶 속에서 예수님을 선택하도록 요청을 받는다. 사실, 예수님을 아는 우리조차 고린도 교인들처럼 악의 영향에 깊이 젖어 있는 나머지, 결국에는 이를 깨닫지 못한 채로 사탄의 일을 하게 될 위험에 처할 수 있다. 이것이 바로 우리가 온전히 그리스도에게 집중하는 것이 그토록 중요한 이유다(고후 1:1).

> 자유로워지기 위해서 우리는 먼저 어둠을 끊어 내야 한다. 바울은 우리에게 그 방법을 알려 준다.

결론적으로 바울은 우리에게 어둠과 싸우기 위한 더 좋은 방법을 알려 준다. 우리는 이전의 죄악 된 삶으로 결코 되돌아가서는 안 된다. 그 대신 우리는 예수 안에서 발견한 구원 위에 우리 삶을 다시 세워 나가도록 부르심을 받았다.[10]

고린도후서 개요

1. 인사와 축복(1:1-11)
2. 자신의 사역에 대한 변호와 분별에 대한 요청(1:12-6:13)
3. 그리스도인들이 내려야 하는 어려운 결정들(6:14-7:1)
4. 평화, 그리고 바울과 다른 이들에 대한 관용(7:2-9:15)
5. 바울의 고린도 방문, 지극히 크다는 사도들, 그리고 복음(10:1-13:13)[11]

고린도후서의 핵심

바울이 강조해서 하는 말들을 들으면, 바울에게 있어 세상이란 흑과 백뿐이라고 이야기하고 싶은 마음이 들 수 있다. 그러나 우리가 고린도후서의 자세한 내용을 있는 그대로 이해하게 되면, 세상은 수많은 "종교적인" 사람들이 믿고 싶어 하는 것보다 훨씬 더 복잡하다는 것이 분명하게 드러난다. 세상에는 "우리"와 "그들"만 존재하는 것이 아니다. 이것은 우리와 관련이 있는 하나의 정당 대 다른 정당, 혹은 미국인들이 말하는 것처럼 "민주당 대 공화당"(donkeys vs. elephants; 당나귀는 민주당의 상징이고 코끼리는 공화당의 상징이다. – 역자 주)에 관한 것이 아니다. 세상에는 하이에나와 사자도 있고, 얼룩말과 가젤도 있다. 바울의 세계관이 가진 스펙트럼은 인도의 길거리 시장이나 뉴욕 시내처럼 밝고 다채롭다. 온 세상(모든 사람, 모든 것)은 창조주 한 분이 만드셨다. 모든 것은 다시 한 번 선하게 되어 선한 일을 행할 수 있는 가능성을 가지고 있다. 즉, 모든 것은 예수님에 의해 구원받아 하나님의 형상대로 살 수 있는 능력을 받을 수 있다(고후 3:17-18; 창 1:27과 비교하라; 롬 8:19-23). 이러한 사실을 염두에 두고, 바울은 "믿지 않는 사람들과 멍에를 함께 메지 마십시오. 정의와 불의가 어떻게 협력하겠습니까? 빛과 어둠이 어떻게 사귈 수 있겠습니까? 그리스도와 벨리알이 어떻게 화합하겠습니까? 믿는 자가 믿지 않는 자와 무엇을 나누어 가질 수 있겠습니까?"라고 말한다(고후 6:14-15).[12] 바울은 지금 흑과 백을 대조하고 있는 것이 아니다. 그 대신, 바울은 예수님이 오셨기 때문에 이제 우주가 어떻게 변하고 있는지를 파악하고 있는 것이다. 여기서 "빛"(Light)은 "백색"(white)을 의미하지 않는다. 빛이란 우주에 가장 먼저 들어온 그 빛(light)이 가진 전체 스펙트럼이다. 그것은 우리가 무지개에서 보는 그 스펙트럼이며, 그 자체가 하나님의 약속이다(창 1:3-5; 9:12-17).[13] 바울은 이렇게 말한다. "보십시오. 여기 어둠이 있습니다. 악이 있습니다. 하나님은 우리가 그리스도 안에서 보는 것처럼 다채로움(color)과 생명을 원하십니다. 당신은 어느 영역에서 살고자 합니까? 당신은 생명과 다채로움이 있는 예수님의 영역을 받아들이겠습니까? 아니면 창조주를 대적하는 모든 어둠 속에 머물러 있겠습니까?"

바울은 고린도후서에서 우리에게 악을 장난감처럼 가지고 노는 대상으로 생각해서는 안 된다는 것을 보여 준다. 어둠은 어둠을 가져올 뿐이다. 반면에, 빛은 그 아름다움과 다채로운 색상들의 스펙트럼으로 모든 것을 압도한다. 빛은 모든 것을 더 밝게, 그리고 더 멋지게 만들어 준다. 빛은 모두 망가져 버린 관계와 같이 가장 절망적인 상황에서조차 희망을 품고 있다.

> 어둠은 어둠을 가져올 뿐이다. 반면에, 빛은 그 아름다움과 다채로운 색상들의 스펙트럼으로 모든 것을 압도한다.

바울은 그리스도인들에게 순결을 지켜 주는 일련의 규칙들을 따르라고 요청하는 것이 아니다. 이것은 바울이 의도한 빛과 어둠이 아니다(갈 2:16; 3:11-12을 비교하라).[14] 바울은 하나님의 방식대로 살아가거나 그 외에 다른 길을 선택하는 것에 관해 이야기하고 있다. 바울은 건강하고 평화로운 것과, 그와 반대로 오로지 파괴만을 초래하는 것에 관해 이야기하고 있다. 하나님의 길은 선하다. 다른 모든 것은 당신을 잘못된 길로 이끌 것이며, 궁극적으로는 당신에게 상처만을 줄 것이다. 게다가, 다른 길, 즉 하나님의 방식에 거스르는 것은 처음부터 자동적으로 선택하도록 주어진 것일 수 있다. 이때는 선택하지 않는 것이 선택하는 것이므로, 우리는 우리의 선택과 그 결과에 대해 반드시 인식하고 있어야만 한다. 일부 고린도 교인들은 그들의 일상적인 결정들이 초래할 결과들과, 그들이 내리는 수많은 결정들이 그들이 가지고 있는 문화의 가치들에 의해 동기가 부여된 것이라는 사실을 무시함으로써 잘못된 길로 빠지게 되었다. 이들은 부패한 생각이 자신의 삶 속에 들어오도록 허용했고, 그 결과, 그 부패한 생각들에 중독되어 끌려다니게 되었다. 그러나 고린도 교인들은 그들이 마땅히 가야 할 길을 보여 주기 위해 예수님께로 그들을 인도했던 사람(바울)에게 돌아와야 했다.

영화 「반지의 제왕: 왕의 귀환」의 결말 부분에 있는 프로도의 이야기와 다르게 고린도 교인들의 이야기는 아직 다 기록되지 않았다. 그것은 고린도 교인들이 새로운 전환점을 맞이할 기회, 곧 그들의 삶으로 더 나은 이야기를 만들 수 있는 기회가 있다는 것이다.[15] 고린도 교인들은 빛 전체의 스펙트럼을 보고 그 안에서 빛을 쬐거나, 아니면 어두움 가운데 그대로 남아 있을 수 있었다. 그들의 관계는 회복이 필요했고, 악은 이들의 삶에서 제거되어야 했지만, 아직 시간과 희망이 남아 있었다.

바울은 고린도 교인들에게 그들이 지속적으로 하나님의 빛의 온전한 스펙트럼을 중심에 두고 하나님을 경외하면서 살아야 한다는 것을 보여 주고자 했다. 그들은 그리스도가 어떻게 절대적으로 모든 것을 변화시키는지를 보고 믿어야 한다. 그들은 어떻게 예수님이 그들의 관계를 온전하게 회복시켜 주실 수 있는지, 어떻게 그들이 직면하는 모든 결정에 대해 현명하게 대처할 수 있는 방법을 가르쳐 주실 수 있는지를 알아야 한다. 그들은 어려움 가운데 처해 있을 때에도 예수님께는 풍성한 은혜가 있음을 바라보아야 한다(고후 12:9).

| 읽어 볼 글들 |

- 고린도후서 1:3-4
- 고린도후서 6:14-7:1
- 고린도후서 12:9

| 생각해 볼 질문 |

01 당신의 이야기 중 어떤 부분이 완성되지 않은 채로 남아 있는가? 아직 이루어지지 않았지만 하나님이 당신에게 보여 주신 것은 무엇인가?

02 당신에게 불편하고 분별이 필요한 관계는 무엇인가? 그 목록을 만들어 보고 이를 위해 기도하자.

03 진솔함의 시간: 당신의 삶을 가로지르는 어둠의 영향들을 되돌아보고 이를 극복할 수 있는 지혜를 달라고 하나님께 간구하자. 그 어둠의 영향력들은 무엇인가?

2장

그리스도인이 내려야만 하는 어려운 결정들

고린도후서 6:14-7:1

우리는 고린도후서 중간 부분에서 이 책의 여정을 시작하고자 한다. 왜냐하면 바울이 고린도 교회에 대해 가지고 있던 모든 관심은 실제로 그가 고린도후서 6:14-7:1에서 제시한 생각들로 수렴되기 때문이다. 만약 당신이 믿지 않는 자와 멍에를 함께 멘다면, 당신은 잘못된 길로 함께 들어서게 될 것이다. 그리고 만약 당신이 잘못된 길로 들어선다면, 자연스럽게 당신은 예수님을 신실하게 섬기는 사람들과 맞서게 될 것이다. 만약 바울이 자신의 사도직을 변호하고 고린도 교회와의 관계를 다시 세워 나가고자 했다면, 가장 먼저 그는 고린도 교인들이 예수님과의 올바른 관계를 회복하도록 해야 했고, 이는 고린도 교인들에게 어떻게 어둠을 끊어 내는지를 가르쳐 주는 것을 의미했다. 또한 그것은 고린도 교인들에게 그들이 바울과 맺는 관계가 그들이 속한 문화나 그곳의 지도자들이 내세우는 관점이 아니라 예수님의 새 언약의 원칙 위에 세워져야 함을 가르치는 것을 의미했다. 고린도후서 6:14-7:1에서 바울은 이렇게 이야기한다.

> 믿지 않는 사람들과 멍에를 함께 메지 마십시오. 정의와 불의가 어떻게 협력하겠습니까? 빛과 어둠이 어떻게 사귈 수 있겠습니까? 그리스도와 벨리알이 어떻게 화합하겠습니까? 믿는 자가 믿지 않는 자와 무엇을 나누어 가질 수 있겠습니까? 하나님의 성전과 우상이 어찌 일치가 되겠습니까? 우리는 살아 계신 하나님의 성전입니다.[1] 하나님께서 이렇게 말씀하신 것과 같습니다. "내가 그들 가운데서 살며, 〔그들〕 가운데로 다닐 것이다. 나는 그들의 하나님이 되고, 그들은 내 백성이 될 것이다." 그러므로 "너희는 그들 가운데서 나오너라. 그들과 떨어져라."라고 주께서 말씀하십니다. "부정한 것을 만지지 말라. 그리하면 내가 너희를 영접할 것이다. 그리하여 나는 너희의 아버지가 되고, 너희는 내 아들과 딸이 될 것이다."라고 전능하신 주께서 말씀하십니다. 그러므로 사랑하는 여러분, 우리는 이러한 약속을 받았으니, 육과 영[2]의 온갖 더러움에서 떠나서, 우리 자신을 깨끗하게 하고, 하나님을 두려워하면서 온전히 거룩하게 됩시다.[3]

"더러움"이라는 개념은 우리 세대에 편한 주제는 아니지만, 고린도후서 6:14-7:1 전체 주제의 기초, 어떤 의미에서 보면 고린도후서 전체 주제의 기초가 된다. 고린도후서 6:14-7:1은 다음과 같은 명령을 담은 구절로 시작한다. "믿지 않는 사람들과 멍에를 함께 메지 마십시오"(고후 6:14). 이 지점에서 우리는 자연스럽게 다음과 같이 묻는다. "그렇게 하면 왜 안 되지?" 이 질문에 대한 답은 고린도후서 7:1에서 제시된다. 이 구절에서 바울은 이렇게 말한다. "육과 영의 온갖 더러움에서 떠나서, 우리 자신을 깨끗하게 하자."[4] 여기서 "믿지 않는 자"는 믿는 자들에게 "더러움"을 가지고 온다. 다시 말해, 바울은 이렇게 말하는 것이다. "믿지 않는 자와 멍에를 함께 메지 마십시오. 왜냐하면 그들은 여러분을 더럽힐 것이기 때문입니다. 그러니 여러분은 그들을 떠나 스스로를 깨끗하게 하십시오." 이 말을 처음 들을 때, 바울의 말이 거칠고 그가 뭔가 잘못 생각하고 있는 것처럼 들릴지 모른다. 하지만, 바울이 주장하는 바를 자세하게 들여다보면, 바울의 주장이 일리가 있음을 알게 된다. 바울이 고린도후서 7:1에서 설명한 것처럼, "거룩함"은 각 개인의 "깨끗하게 함"에 의해서만이 아니라 그 공동체가 "온갖 더러움"에서 떠나 "깨끗하게 함"에 의해서 그 교회 안에서 "온전함"을 이룬다.[5]

알아야 할 용어

하팍스 레고메논(hapax legomenon, ἅπαξ λεγόμενον)은 어떤 텍스트나 텍스트들 모음에서 단 한 번 나타나는 단어를 뜻하며, 이를 정확하게 정의하기란 어렵다. 고린도후서 7:1은 전체 신약성서에서 몰리스모우(μολυσμοῦ)라는 단어가 나오는 유일한 곳이다. 이 단어의 의미 영역과 신약성서 이외의 용례를 연구해서 우리는 이 맥락에서 몰리스모우가 의미하는 바가 "더러움"일 것이라 결론지을 수 있다.

바울이 더러움에 관해 이야기했을 때, 그는 그리스도인이 예수님을 주로 받아들이지 않은 사람에게 영향을 받는 것이 얼마나 위험한 것인지를 염두에 두고 있었다. 바울은 그리스도인들이 믿지 않는 자들과의 대화를 중단해야 한다고 말하는 것이 아니다. 바울은 그리스도인의 세계관과 믿지 않는 자들의 세계관은 근본적으로 대립하기 때문에, 이들과 함께해서는 안 된다고 말하는 것이다. 고린도에 있는 믿지 않는 자들은 우상과 깊은 관계를 맺고 있기 때문에, 바울의 생각에 이들의 영향력이 믿는 자들의 "육체"(외적으로)와 "영"(내적으로) 모두를 더럽힐 수 있다는 것은 의심의 여지가 없었다. 이러한 사실은 꼭 믿지 않는 자들이 문자적으로 "더럽다"는 것을 의미하는 것이 아니라, 그들과 매우 깊은 관계를 맺고 있는 그리스도인들에게 더러움을 가져다주는 근원이 될 수 있다는 것을 말한다. 이런 이유에서 믿지 않는 자들에게 이미 부정적인 영향을 받고 있는 믿는 자들은 이제 "육과 영의 온갖 더러

움"에서 스스로를 반드시 깨끗하게 해야만 한다.[6]

예수 중심의 세계관은 단지 믿음에서 끝나지 않는다. 그것은 행동으로 이어진다.

그리스도인들의 목적은 비-그리스도인들에게 영향을 주어 그들을 예수님께 인도하는 것이 되어야 한다. 단순히 그들을 달래는 친구가 되어서는 안 된다. 그렇게 하면 단지 그리스도인들이 믿지 않는 자들의 세계관에 따라 살게 될 뿐이기 때문이다. 믿는 자들은 믿지 않는 자들의 방식에 굴복해 더럽혀지는 것이 아니라 오히려 믿지 않는 자들을 믿음과 회개와 순결로 인도하도록 부름받았다. 바울이 염두에 두었던 특정한 믿지 않는 자들은 믿는 자들이 그리스도를 자신의 삶의 중심에 두는 것을 방해하고 있었다. 믿지 않는 자들은 믿는 자들이 관대해지는 것을 가로막고, 믿는 자들이 자신에게 주어진 그리스도의 화해를 위한 대사로서의 소명을 소홀히 하도록 만들고 있었다(예를 들어, 고후 4:1-6; 5:16-20; 8:1-14; 9장).

우리가 예수님을 삶의 중심에 두면 자연스럽게 예수님의 화해 사역을 수행하게 된다(고후 5:16-21). 따라서 믿는 자들은 사탄의 영향력을 끊어 내야 한다(고후 6:15).[7] 예수 중심의 세계관은 단지 믿음에서 끝나지 않는다. 그것은 행동으로 이어진다. 따라서 고린도 교회의 문제는 진정 신학적 문제였다.

믿음뿐 아니라 행동도

고린도후서 6:14-7:1은 고린도후서 2:14-7:4에서 바울이 자신의 사도직을 변호하는 맥락에서 나온 것이다. 바울은 고린도 교회가 그의 사도직을 이해하고 다시 그를 존중하려면 우선 고린도 교회 공동체 안에서 해결해야 할 중요한 신학적 문제들이 있다는 것을 보여 준다(예를 들어, 고후 2:14-17; 5:1-10). 바울과 관련된 그들의 문제는 예수님을 위해 사는 것과 관련된 문제에 뿌리를 두고 있었다.

그리스도의 사역을 그들 자신의 중심에 두지 않고, 또 악에서 떠나지 않은 상태에 놓여 있는 고린도 교회의 믿는 자들은 바울의 수고가 더 넓은 선교적 범위를 향하고 있음을 이해할 수 없었을 것이다(예를 들어, 고후 9장; 10:1-6; 11:1-14). 예를 들어, 만약 고린도 교회의 믿는 자들이 하나님의 방식대로 살아가고 있었다면, 그들은 바울의 계획이 언제나 하나님의 인도하심 아래에 있다는 것을 알아볼 수 있었을 것이며, 바울이 스스로를 입증할 필요도 없었을 것이다(고후 1:12-2:13). 하지만 만약 고린도 교회의 믿는 자들이 어둠을 끊어 낸다면, 그들은 바울을 이해할 수 있을 것이며 바울과의 관계 역시 새롭게 할 수 있을 것이다.

이러한 관점에서 보면, 고린도후서 6:14-7:1은 사실상 바울과 고린도 교회 공동체 사이에서 믿지 않는 자들이 야기한 분열을 다루는 내용이다. 이 본문은 고린도후서의 요점을 뚜렷하게 드러낸다. 그것은 고린도 교회 공동체의 존립은 그들이 믿지 않는 자들에게서 그들 자신을 분리하기로 선택하느냐에 달려 있었다는 점이다. 이들의 "분리"는 바울과 복음, 그리고 무엇보다도 그리스도를 확증하는 결과를 가져올 것이다. 바울은 이 사실을 깨닫고 고린도 교회의 믿는 자들 앞에서 그 선택이 가져오는 온전한 효력을 설명하기 위해 고린도후서 6:14-7:1에서 "수사학적으로 이탈한다."[8]

우리 삶을 위한 올바른 길은 "하나님을 두려워하면서" 살아가는 것이다(고후 7:1).[9] 진정으로 하나님을 사랑하는 것은 그분을 두려워하는 것, 즉 하나님이 크고 능력 있는 일을 행하실 수 있다는 사실을 깨닫고 그분을 경외하는 마음으로 사는 것을 의미한다. "하나님을 두려워함"은 믿는 자들이 스스로를, 믿지 않는 자들에게서 분리시켜야 하는 이유가 된다. 하나님을 두려워함은 우리가 교회 안에 있는 사람들에게 하나님의 목적에 따라 살라고 요청하도록 이끈다(고후 5:12-13). 그리고 하나님을 두려워함은 우리가 그리스도와의 올바른 관계 안에 머물러 있기 위해 매일 힘든 결정들을 내리도록 이끈다.

바울이 "분리하다"를 뜻하기 위해 그리스어인 아포리조(aphorizō, ἀφορίζω)를 사용했을 때, 그는 믿는 자들이 복음 사역을 위해 스스로를 구별함에 있어 적극적으로 나서야 한다는 것을 의도하고 있었다.[10] 이것은 예수님을 믿지 않는 모든 사람들에게서 자기 자신을 완전히 내뺀다는 것을 말하지 않는다. 바울은 그러한 생각을 단호하게 거부한다(고전 5:9-10). 그 대신 바울은 우리가 그리스도의 사역을 위해 구별되었고 이를 방해하는 어떤 것도 허용하지 않는다는 것을 분명히 하도록 결연한 노력을 기울여야 함을 말하고 있는 것이다. 바울은 그리스도의 사역을 가로막는 가장 효과적인 방법은 우리가 믿지 않는 자들과 매우 긴밀한 관계를 맺음으로써, 우리 삶에서 그들의 영향력이 예수님보다 더 우세해지도록 허용하는 것임을 알고 있었다. 그렇기 때문에, 우리에게 "그들 가운데서" 스스로를 구별하라고 명령한다. 이 말이 실제적으로 의미하는 바는 믿지 않는 자들이 우리의 가정과 교회, 사업과 삶의 방향에 영향을 미치도록 허용해서는 안 된다는 것이다. 우리는 믿지 않는 자들 가운데서 살 수 없다. 그 대신에, 우리가 그들을 그리스도의 한가운데로 이끌어야 한다. 우리가 그들의 구미에 맞추어 살아서는 안 된다. 우리는 그들에게 그리스도를 보여 줄 뿐이다.

멍에를 함께 메는 것이 가져오는 두려운 현실

우리가 내리는 결정 하나하나는 그것이 긍정적으로든 혹은 부정적으로든 우리와 예수님 사이의 관계에 영향을 미친다. 아마도 이것은 우리 주위를 둘러싸고 있는 사람들, 곧 우리가 우리 자신에게 영향을 미치도록 허용한 사람들에 관해서도 마찬가지다.

바울은 고린도 교회의 성도들에게 "믿지 않는 사람들과 멍에를 함께 메지 말라"라고 명령했다(고후 6:14). "멍에를 같이 하지 말라"(heterozygountes, ἑτεροζυγοῦντες, 헤테로쥐군테스)라는 번역의 배후에 자리한 그리스어 'heterozygountes'는 신약 성서에서 이 경우에만 단 한 번 등장한다. 그러나 약간 다른 형태이기는 하지만 이 단어는 서로 이질적인 두 종류의 가축을 교미시키는 것을 금지하는 레위기 19:19의 70인역(고대 그리스어 구약 번역본)에도 나타난다. 또한 이 단어는 나귀와 소를 함께 묶어 밭을 갈도록 하는 것을 금지하는 신명기 22:10의 전통을 반영한다. 이 두 가지 텍스트는 두 가지 다른 종류의 짐승들이 번식을 위해 혹은 밭을 갈기 위해 함께하게 하는 것은 잘못된 것이라는 전통을 포함한다. 바울은 믿는 자들이 믿지 않는 자들과 함께하는 것이 해로운 상황임을 강조하기 위해 이 개념을 사용한 것이다.[11]

그러나 이러한 사실은 우리에게 다음과 같은 질문을 남긴다. 우리는 믿지 않는 자들을 어떻게 규정할 수 있을까? 바울은 자신의 말을 모호하게 남겨 두어 우리가 고린도 교회 성도들이 직면한 모든 갈등에 대해 그가 사용한 "단절"(severance)이라는 용어를 적용하는 것을 가능하게 한다. 고린도후서의 내용과 이 편지가 가진 역사적 맥락에 기초해서, 믿지 않는 자들을 규정하는 세 가지 가능한 방식이 있다. 그것은 우상 숭배자들, 분쟁으로 들끓게 하면서 바울을 비방하는 자들, 또는 단순히 예수님을 믿지 않는 사람들이다.[12]

대략적으로 말해, 믿지 않는 자들(apistos, ἄπιστος, 아피스토스)은 예수님을 자기 삶의 주인으로 믿기로 선택하지 않은 사람들이다. 고린도전서 6:1에서 바울은 믿지 않는 동료들 앞에서 소송을 제기하는 사람들을 가리킬 때 이 용어를 사용했다. 그러나 믿지 않는 자들은 교회 모임 바깥에만 존재하는 것이 아니다. 그들은 교회 모임에서도 환영받는다(고전 14:22-24). 이것은 바울이 고린도후서 6:14-7:1에서 믿지 않는 자들에게서 스스로를 완전히 분리시키라고 말하는 것이 아니라, 그 대신에 특정한 종류의 관계를 피하라고 말한다는 또 다른 증거다.[13]

고린도전서 7:12-15에서 아피스토스(apistos)는 예수님을 믿지 않는 배우자를 둔 사람들을 가리키기 위해 더욱 협소한 의미로 사용된다. 이 단어의 용례는 고린도후서 6:14과 직접적인 유사성을 갖는다. 여기서, 바울은 그리스도를 믿는 결혼한 사람으로서 그리스도를 믿지 않는 배우자를 가진 사람은 믿지 않는 배우자와의 결혼 상태를 계속 유지해야 한다는 점을 분명하게 밝힌다.[14]

고린도후서와 고린도 교회 공동체의 일반적인 맥락에서 보면,

"더러움"을 가져오는 믿지 않는 자의 첫 번째 부류는 우상 숭배자들이다(고전 8:7; 고후 6:16). 역사상 우상 숭배자들은 고린도 지역 어디에나 있었을 것이다. 왜냐하면 고고학이 밝혀낸 것처럼 AD 50-100년경 고린도에는 셀 수 없이 많은 제단과 사원, 그리고 그리스 신들과 로마 황제 숭배를 위한 헌사들이 있었기 때문이다.[15] 고린도후서 6:14에 나타난 바울의 관점은 고린도전서 10장에서 좀 더 분명해지는데, 그곳에서 바울은 믿는 자들에게 그들이 믿지 않는 자들의 집에 청함을 받으면 가서 음식을 먹으라고 말하지만, 만약 그 음식이 우상에게 바쳐진 것임을 안다면, 자기 자신을 위해서, 그리고 그 믿지 않는 자를 위해서 음식을 먹지 말라고 말하기 때문이다(고전 10:23-30).

고린도전서 8:7을 보면, 처음에 바울은 고린도 교회 내의 우상 숭배 문제를 확인하고 이렇게 말한다. "어떤 이들은 지금까지 우상에 대한 습관이 있어 우상의 제물로 알고 먹는 고로 그들의 양심이 약하여지고 더러워지느니라." 이 진술은 특별한 의미를 지닌다. 왜냐하면 바울은 고린도후서 7:1에서 사용된 명사 "더러운 것"과 관련해서 "더러워짐"에 대한 동사를 사용하기 때문이다. 따라서 믿지 않는 자들의 "더러움"은 그들의 우상 숭배적인 혹은 (그들이 의식했든 의식하지 않았든) 최소한 우상과 관련되는 행위들에 의한 것일 가능성이 높다. 하나님에 대한 이들의 불신앙은 우상들에 대한 믿음과 직접적으로 연결되어 있다. 또한 고린도후서 6:16에서 "하나님의 성전과 우상이 어찌 일치가 되리요?"라는 구절은 우상 숭배가 믿지 않는 자들의 주된 "더러움" 중 하나라는 주장을 뒷받침해 준다.

바울의 용어는 그가 사용한 성전 이미지에서 직접적으로 파생된 것이다. "하나님의 성전과 우상이 어찌 일치가 되리요 우리는 살아 계신 하나님의 성전이라"(고후 6:16). 바울은 또한 고린도전서에서 이렇게 말한다. "너희는 너희가 하나님의 성전인 것과 하나님의 성령이 너희 안에 계시는 것을 알지 못하느냐"(고전 3:16). 하나님의 현존이 거하는 거룩한 성전을 이해하는 바울의 체계이자 고린도에 사는 유대인들에게도 같은 체계였을 예루살렘 성전은 거룩한 장소였다. 예루살렘 성전에는 사람들이 그곳에 들어갈 만큼 충분히(구별될 만큼 충분히) 거룩해질 수 있도록, 주로 희생 제사 형식인 겹겹으로 된 의례들이 있었다. 바울은 교인들이 그리스도에게서 멀어지도록, 믿지 않는 자들이 교인들을 잡아끄는 것을 방치하고 있는 고린도 교회를 보고 충격을 받았다. 이 세상에서 하나님의 현존 곧 하나님의 성전으로서 사는 사람들이 어떻게 이렇게 살아갈 수 있는 것일까? 바울은 근본적으로 다음과 같이 말하고 있다. "이것은 구별된 삶이 아닙니다. 무엇인가가 반드시 바뀌어야 합니다."

> 그들은 이 세상에서 하나님의 형상을 드러내고 있어야 했지만, 오히려 그들을 둘러싼 문화가 내세우는 가치들을 드러내고 있었다.

성령께서 고린도 교회의 믿는 자들을 변화시키고 있어야 했지만, 오히려 그들은 거짓됨에 의해 변질되도록 자신을 방치하고 있었다. 그들은 이 세상에서 하나님의 형상을 드러내고 있어야 했지만, 오히려 그들을 둘러싼 문화가 내세우는 가치들을 드러내고 있었다.

우상 숭배는 바울 시대는 물론 우리 시대에도 많은 사람에게 강력한 영향을 미치고 있다. 오늘날 우상은 종종 텔레비전, (소셜 네트워크와 같은) 온라인 미디어의 형태로, 혹은 심지어 우리 삶 속에서 사람들의 형태로 찾아온다. 바울은 우리가 우상과 하나님의 방식 사이를 분별할 수 없는 믿지 않는 자들을 따라갈 때, 쉽사리 그들의 악한 행실에 의한 희생자가 될 수 있음을 보여 준다.

우상 숭배는 고린도 교회에서 주된 문제였다(고전 8, 10장). 바울이 우상에게 바친 음식에 대해 경고를 많이 한 것은 바로 그 문제가 심각했기 때문이었다. 바울은 만약 어떤 사람이 우상에게 바쳐졌던 음식을 먹음으로써 다른 사람이 (의식적으로든 무의식적으로든) 우상을 숭배하게 하는 결과를 낳는다면, 앞서 그 음식을 먹은 사람은 우상에게 바친 음식 먹는 것을 중단해야 한다고 분명하게 말했다(고전 8:12-13). 하지만 고린도전서 8:12-13에서 나타나는 바울의 경고는 무시되었고, 이는 다시 바울로 하여금 믿는 자들은 믿지 않는 우상 숭배자들과 가깝게 지내는 관계를 피하라는 명령을 하게 했을 가능성이 매우 높다(고후 6:14, 17; 7:1). 바울은 고린도 교회 공동체가 더 이상 상황에 따라 자신들의 행동 계획을 선택할 수 있을 거라 생각하지 않았다. 하지만 그 대신에 바울은 그들에게 전반에 걸친 어떤 명령이 필요하리라 생각했을 것이다. 바울은 그의 편지 초반에서 "그중에 이 세상의 신이 믿지 아니하는 자들의 마음을 혼미하게 하여 그리스도의 영광의 복음의 광채가 비치지 못하게 함이니 그리스도는 하나님의 형상이니라"라고 말하면서, 믿지 않는 자들과 가까이 지내는 것이 초래할 위험에 대해 설명했다(고후 4:4). 만약 믿지 않는 자가 이 세상의 신에 의해 혼미하게 되었다면, 그들은 모든 것을 다른 관점으로 이해할 것이다.

믿지 않는 자들 중 일부는 분명 바울을 대적하는 자들, 곧 "지극히 크다는 사도들"(super-apostles)이었을 것이다(고후 11:5). "지극히 크다는 사도들"은 사실상 고린도 교회 공동체가 "그리스도를 향한 순수한 헌신"에서 떠나도록 "미혹하는" 거짓 사도들이었기 때문에, 이들과 사귀는 것 역시 "그리스도의 진리" 안에서 믿지 않는 자들과 관계를 맺는 것일 수 있었다(고후 11:3, 10, 13).[16] 심지어 바울은 거짓 사도들을 뱀과 사탄과 연관시키기까지 한다(고후 11:1-3, 14). 이런 대적들에 대해 바울은 더 이상 손쓸 수 없다고 보았지만, 그렇다고 아무 해결책도 내놓지 않은 것은 아니다. "근심하게 한" 사람에게 내민 화해의 손길은 거짓 사도들에게도 동일하게 내밀 수 있었다(고후 2:5-11). 어느 쪽이든, 화해의 개념은 일반적인 경계를 뛰어넘는다는 것이 분명했다(고후 2:11).

예수님의 통치와 벨리알과의 싸움

믿는 자들은 믿지 않는 자들과 함께 멍에를 메지 말아야 한다고 한 자신의 명령을 뒷받침하기 위해, 바울은 그리스도를 믿는 자는 믿지 않는 자와 같은 세계관을 공유해서는 안 된다는 점을 강조하는 일련의 수사학적 질문들을 사용한다(고후 6:14-15). 바울이 앞서 설명한 것처럼(고후 4장), 믿지 않는 자들은 "그리스도의 영광의 복음의 광채 … 그리스도는 하나님의 형상"임을 보지 못한다. 왜냐하면, "이 세상의 신이 믿지 아니하는 자들의 마음을 혼미하게" 만들기 때문이다(고후 4:4).[17] 반면에, "예수 그리스도의 얼굴에 있는 하나님의 영광을 아는 빛"은 바울과 그와 함께한 사역자들의 마음에 비추어졌다(고후 4:6).[18] 다시 말해, 믿지 않는 자들은 그리스도를 바라보아야 할 때에, 오히려 이 세상 자리에서 신을 찾고 있었던 것이다.

바울은 수사적 질문으로 그리스도가 벨리알과 함께할 수 있는 것이 있는지를 묻는다(고후 6:15). 벨리알은 바울의 관점에서 볼 때

실재하는 영적 실체이고, "불법"과 부도덕, 성적인 죄와 속임수의 전형이다(예를 들어, 아셀 언약서 1:8; 3:2; 레위 언약서 3:3; 르우벤 언약서 4:11; 쿰란 전쟁 문서 13:11). 벨리알은 아마도 믿는 자들과 영적 전투를 벌일 사탄을 뜻하는 바울의 또 다른 용어일 것이다.[19] 그러나 이 영적 전투는 고린도 교인들의 인간관계에서 매우 실제적인 영향을 미친다. 고린도후서 6:14-16의 질문 구조는 전체 고린도 교회 공동체의 마음 변화와 헌신을 촉구한다. 고린도후서 6:16을 보면 하나님의 성전과 우상은, 마치 그리스도가 벨리알과 일치하지 않는 것처럼, 믿는 자들이 우상 숭배자들과 교제하는 것을 피해야 할 필요성을 강조하기 위해 수사학적으로 대조된다(고후 6:15). 고린도 교인들은 "살아 계신 하나님의 성전"이기 때문에 반드시 그렇게 행동해야 했다(고후 6:16).[20]

바울은 고린도 교회의 믿는 자들에게 믿지 않는 자들과 맺은 모든 긴밀한 관계를 끊고, 그 대신에 그리스도와 화해하고 또 서로 화해하라고 촉구한다(고후 2:5-11; 5:11-16). "그리스도 안에" 있으면 "새로운 피조물"이기 때문에, 고린도 교회의 믿는 자들은 너그럽게 화해하는 삶을 살아야 했다(고후 5:17-18; 9:6-12).

> 바울은 예수님의 통치가 여전히 선하고, 사랑스러우며, 경이로운 모든 것임을 보여 준다. 그것은 우리가 무지개에서 보는 빛의 스펙트럼과 같다. 벨리알의 통치는 오직 어둠뿐이다.

바울은 예수님의 통치가 여

전히 선하고, 사랑스러우며, 경이로운 모든 것임을 보여 준다. 그것은 우리가 무지개에서 보는 빛의 스펙트럼과 같다. 벨리알의 통치는 오직 어둠뿐이다. 예수님은 자신의 빛 안에 있는 생명을 다른 이들에게 주시고, 하나님의 아름다우심 안에서 살아가는 삶, 곧 하나님의 형상을 드러내는 삶에 대한 희망을 전해 주신다. 바울의 요점은 이것이다. 왜 믿지 않는 자들이 너희를 하나님과 그분의 목적에서 벗어나게 하도록 허용하는가? 말하자면, 믿지 않는 자들의 길로 빠져 길을 잃는 것보다 차라리 그들과의 관계를 끊는 것이 더욱 낫다는 것이다.

그리스도를 삶의 중심에 두다

고린도 교회 공동체는 "살아 계신 하나님의 성전"이기 때문에, 그들은 성전으로서 그들의 지위를 유지할 수 있는 길을 찾아내야만 했다. 이를 위해서는 고린도 교인들이 그리스도를 삶의 중심에 두는 사람들로서 살아가도록 도우려는 바울의 권위를 따르고, 그 권위를 이해해야 했다(고후 6:16-18; 11:5-6; 12:11-12).[21] 바울은 "하나님의 뜻으로 말미암아" "그리스도의" "사신"이자 "사도"였기 때문에 이러한 요청을 할 권한이 있었다(고후 1:1; 5:20).[22]

바울에게 있어, 하나님의 길로 다시 돌아가기를 거부하는 것은 영적인 유배를 선택하는 것과 같았다. 심지어 단지 아무것도 하지 않기로 선택하는 기본적인 결정마저도 그와 같은 결과를 초래할 수 있는 것이다.[23] 고린도 교회의 믿는 자들은 "부정한" 것을 멀리하기 위해서 원칙에 있어서뿐 아니라 **행동**에 있어서도 믿지 않는 자들과 분리되어야 했다(고후 6:17). "부정한 것(들)"은 고린도전서 8:7에서 언급된 "우상의 제물"을 의미할 수 있으며, 또한 믿지 않는 자들의 행동을 의미할 수 있다(말하자면, 본문은 사람들 사이의 관계와 그에 따른 행동 사이의 연관성을 강조하고 있다). 따라서 바울은 주로 우상 숭배를 피하는 것을 염두에 두고 있었을 것이다(예를 들어, 고후 6:16).

바울이 대결하고 있는 죄 중 한 가지는 믿지 않는 자들과의 잘못된 교제, 곧 그리스도와의 관계를 깨뜨리는 교제이다. 믿는 자들은 믿지 않는 자들처럼 살지 말고, 예수님을 삶의 중심에 두어야 한다(예를 들어, 고후 6:13; 7:2). 그러면 하나님은 그들을 영접하실 것이다(고후 6:17; 이러한 생각은 겔 20:34에서 나타난다). 믿지 않는 자들과의 교제는 하나님이 그분의 백성과 맺은 언약 전통에 위배되는 것이었다. 바울은 하나님의 언약과 관련된 생각을 불러일으킴으로써 믿는 자들이 지금 당장 회개하는 것이 최선임을 보여 주고자 했다. 왜냐하면 어찌되었든 결국에 하나님은 믿는 자들에게 이것을 요구하실 것이기 때문이다. 이러한 내용들은 새 언약 안에서 사는 것이 의미하는 바의 일부이다.[24]

우리 하나님 안에서 온전함을 발견하다

우리가 완전함 곧 온전함을 발견할 수 있는 것은 오로지 하나님 안에서다. 우리 하나님께 미치지 못하는 것은 그것이 무엇이든 단지 우리를 깨어진 채로 내버려 둘 것이다. 사람들은 우리 마음에 있는 하나님 크기만 한 구멍(God-sized hole)을 채울 수 없다. 바울은 만약 우리가 스스로 더러움으로부터 깨끗이 한다면, 거룩함을 온전히 이룰 것이라고 말한다(고후 7:1). 우리는 우리 마음을 살아 계신 하나님 곧 "나를 위해 피 흘리고 죽으셨으며 다시 살아나신 하나님의 아들"에 의해 깨끗해지도록 해야 한다.[25]

"거룩함을 온전히" 이룸은 "하나님을 두려워함"을 통해서다(고후 7:1). 우리는 하나님을 "경외"하고 그분께 순종하며 살아야 한다. 고린도 교회 공동체는 - 그리고 우리 역시 이 문제에 있어서는 - (하나님이 거하시는) 하나님의 성전 됨을 지켜야 하고, 그렇게 함으로써 여전히 어둠 가운데 사는 자들에게까지 하나님의 통치를 확장시켜 나가야 한다(고후 4:6). 어떤 이들은 눈이 가려져서 "그리스도의 영광의 복음의 광채가 비치지" 못하게 되었다고 하지만(고후 4:4), 믿는 자들은 믿지 않는 자들이 그들로 하여금 그 빛 가운데 거하지 못하게 방해하도록 내버려 둘 수 없다.

고린도후서 6:14-7:1에서 바울은 그의 편지에서 오로지 윤리적 논의의 초점을 밝히기 위해서만 주제에서 벗어나는 것처럼 보인다. 바울은 자신의 사도직을 주장하는 가운데 고린도 교회 공동체에서 일어나고 있는 더욱 중대한 문제들을 인식했다. 그래서 바울은 그리스도를 믿는 믿음을 가진 고린도 교회 공동체에게, 예수님을 삶의 중심으로 모시는 것을 가로막고 그리스도의 복음으로 화해시키는 사역을 하며 살아가는 삶을 방해하는 자들이자, 우상 숭배를 하고 분열을 일으키며 바울을 대적하는 믿지 않는 자들로부터 나와서 "따로 떨어져"(be separate) 있으라고 명령한다. 더럽히는 믿지 않는 자들은 고린도 교회 공동체의 거룩함을 가로막는다. 그러므로 고린도 교회의 믿는 자들은 이런 자들에게서 자신들을 분리함으로써 그들이 가져온 "육과 영의 온갖 더러운 것에서" 자신을 깨끗이 해야만 했다. 고린도 교회 공동체는, 그리고 모든 믿는 자들은 그 문제에 관해서는, 주 예수님을 다시 살리시고 그와 함께 그들을 다시 살리실 오직 한 분 하나님을 믿어야 한다(고후 4:13-14). 이렇게 함으로써, 그들은 하나님의 임재 안으로 들어갈 것이며, 그분의 은혜가 모든 믿는 자들에게 미치는 것을 보게 될 것이다. 우리 역시 고린도 교회 공동체처럼 사도들의 권위를 인정함으로써, 예수 그리스도를 믿음을 통해 이 세상에 화해를 가져옴으로써, 그리고 성부, 성자, 성령의 도움으로 다른 이들을 관용으로 대함으로써 우리의 믿음을 따라 행동해야만 한다.

그리스도인들은 힘든 수많은 결정들을 내려야만 하며, 그 결정들 중에서 많은 것은 우리의 관계에 기초하고 있다. 우리는 어떤 관계를 계속 유지해 나가야 하는가? 어떤 관계를 뒤로해야 하는가? 그리고 언제 우리는 누군가와의 관계를 끊어야 하는가? 바울은 이 모든 질문에 대해 고린도후서 6:14-7:1에서 어느 정도 명확하게 설명해 준다.

우리가 이러한 목적에서 벗어날 때마다 우리는 변화해야만 한다. 그 변화들이 아무리 어렵더라도 말이다.

| 읽어 볼 글들 |

- 고린도후서 6:14-7:1
- 고린도전서 7:12-24
- 고린도전서 10:23-11:1

| 생각해 볼 질문 |

01 믿지 않는 자들과 함께 멍에를 메지 말라는 바울의 명령이 결혼에도 적용된다고 생각하는가? 사업이나 직장과 관련된 일에도 그 원칙을 적용할 수 있을까?

02 하나님이 창조하신 다채로움에 따라 우리가 하나님의 빛의 스펙트럼 안에서 살아갈 때, 우리는 어둠에 대해, 그리고 그 어둠을 드러내는 사람들에 대해 어떻게 대처해야 하는가? 어떻게 우리는 그들이 우리를 잘못된 길로 빠지게 하도록 허용하지 않고, 오히려 그들을 위한 사역을 잘 감당할 수 있을까?

3장

모든 환난 중에서 우리를 위로하시는 하나님

고린도후서 1:3-11

> 찬송하리로다 그는 우리 주 예수 그리스도의 하나님이시요 자비의 아버지시요 모든 위로의 하나님이시며 우리의 모든 환난 중에서 우리를 위로하사 우리로 하여금 하나님께 받는 위로로써 모든 환난 중에 있는 자들을 능히 위로하게 하시는 이시로다(고후 1:3-4)

새롭게 시작하는 모든 날마다 이 구절과 같은 시가 우리 입술에서 흘러나온다면 얼마나 좋을까! 하지만 우리는 이렇게 생각하기 쉽다. "이런 고통과 슬픔, 몸부림 속에서 어떻게 하나님을 찬양할 수 있을까?" 또한 우리는 하나님과 다른 사람들에게 지은 수많은 죄, 그리고 다른 이들이 우리에게 지은 죄를 생각하는데, 우리 생각이 온통 어둠에 휩싸일 때까지 그렇게 한다. 그리고 이 모든 어둠이야말로 우리를 사랑하시는 하나님을 찬양하는 것을 가로막는 것이다. 바울이 고린도후서에서 무력화하려는 것이 바로 이 어둠의 세계관이다. 바울은 고린도 교인들을 정신적으로, 감정적으로, 영적으로 자신의 수준만큼 끌어올리고 싶었다. 그것은 자기를 구원하신 예수님을 온전히 중심에 두는 삶이다.

바울에게, 환난 중에 하나님을 찬양하는 것은 어떤 고상한 이상이 아니었다. 바울은 고난과 슬픔에 대해 너무 잘 알고 있었다. 그는 고린도 교인들에게 아시아 지방(오늘날 튀르키예)에서 복음을 전하면서 겪은 온갖 어려움에 대해 이야기한다.[1] 바울은 자신과 디모데가 "힘에 겹도록 심한 고난을 당하여 살 소망까지 끊어"졌었다고 말한다(고후 1:8).

그리고 고린도후서의 첫 찬양이 우리에게 이야기해 주는 것처럼 바울과 디모데는 절망의 한가운데서 결코 외롭지 않았다. 하나님이 그들과 함께하셨다.[2]

바울과 디모데

바울과 디모데는 고린도후서를 함께 기록했다. 이것이 고린도후서 전체에서 바울이 "우리"라는 용어를 사용한 이유다. 바울과 디모데는 루스드라에서 만났다(행 16:1). 아마도 바울은 디모데가 지닌 좋은 성품과 그에 대한 좋은 평판 때문에 그에게 두 번째 선교 여행에 동참하도록 초청했을 것이다(행 16:2). 바울은 그의 사역 내내 디모데의 멘토가 되어 주었다. 바울은 디모데를 그의 "형제"(고후 1:1; 골 1:1; 살전 3:2), "아들"(고후 4:17; 딤전 1:2; 딤후 1:2), "동역자"(롬 16:21; 살전 3:2)로 부르기까지 한다.

바울이 "우리는 사형 선고를 받았으니, 이는 우리로 하여금 우리 자신을 의지하지 않고 죽은 사람을 살리시는 하나님을 의지하게 하기 위함이었습니다."라고 말했을 때, 그는 자신과 디모데가 어디서 살길을 찾았는지를 알려 준다(고후 1:9).[3] 우리가 직면할 상황이 어떠하든, 우리는 우리의 소망을 죽은 자를 다시 살리시는 하나님께 둘 수 있다. 부활의 소망은 그리스도인의 **행동 방식**(modus operandi)이다. 우리는 구원하고 다시 살리시는 하나님, 곧 모든 것을 하실 수 있는 하나님께 기초해서 행동한다.

기쁨으로 우울증을 이겨 내다

나 자신의 경험에 비추어 볼 때, 나도 바울처럼 하나님을 신뢰할 수 있다는 것을 알게 되었다. 나는 내 눈으로 직접 하나님이 다른 이들의 삶 속에서 일하시는 것을 보았다. 그리고 나는 내 마음의 중심으로부터 하나님이 그분의 말씀에 참되심을 알고 있다. 그러나 예전 내 마음의 중심과는 정반대인 지금 내 마음의 중심을 이해하려면, 당신이 들어야 할 이야기가 있다.

내가 열여섯 살이었을 때, 언젠가는 내가 결혼하리라 믿었던 오래 사귄 여자 친구가 우리 집에 찾아왔고 우리의 관계는 거기서 끝이 났다. 그 친구는 "자기 자신을 찾아야 한다."라고 말했다. 그리고 내가 함께 있다면 자기는 그렇게 할 수 없다고 이야기했다.

내가 그녀를 차까지 배웅해 주는데, 비가 오기 시작했다. 나는 하늘을 쳐다보며 "매번 비가 오네."라고 말했다. 당시에 나는 "비가 오기만 하면, 소나기로 온다."라는 속담이 떠올랐는데, 지금 돌이켜 보면 그 말이 웃겼던 것이, 내가 지금 늘 비가 내리는 태평양 북서부에 살고 있기 때문이다.

자, 당신이 이 이야기를 고등학생들의 유치한 로맨스 정도로 받아넘기기 전에, 내가 좀 더 설명해 보고자 한다. 당시 여자 친구와의 이별로 인해 나는 한없이 추락했다. 그것은 마치 "난 거짓말쟁이의 의자에 앉아 이 가시 면류관을 쓰고 있어 / 내가 고칠 수 없는 아픈 생각으로 가득 차 있지 / 시간이 흐르며 그 감정들은 사라지고 / 당신은 그저 남일 뿐이고, 난 여전히 이 자리에 남아 있어"라는 트렌트 레즈너(Trent Reznor: 미국의 싱어송라이터이자 영화음악 작곡가 – 역자 주)의 가사처럼 느껴지는 그런 추락이었다.[4] 이제는 더 이상 듣지 않는 이 노래 가사에서, 나는 고뇌의 노래, 나의 슬픔의 노래를 찾았다. 이후 나는 나를 괴롭히는 어두움에 빠져들면서 내 인생에서 가장 음울한 말들을 적어 나갔다. 그 나락으로 더 깊이 빠져들어 갈수록, 나는 나 자신을 잃어버리게 되었다.[5] 나는 그녀가 왜 날 떠났는지 궁금해하면서, 이 세상에는 결코 존재하지 않는 여자를 이상적으로 만들어 냈다. 그리고 이전의 나의 모습을 결코 존재하지 않았던 모습으로 만들어 냈다. 우울증은 나를 기만

했고, 나는 내 자신은 물론 내 인생에 자리하고 있던 거의 모든 사람에게 등을 돌렸다. 내가 적어 나간 어두운 말들은 내가 또다시 어둠 속에서 그것을 읽어 내려갈 때, 나에게 거짓말을 들려주었다.

오랜 상담 끝에, 나는 이 모든 것이 그 여자 친구를 만나기 이전부터 시작된 문제임을 알게 되었다. 사실 이 모든 일은 그녀에 관한 문제가 아니었다. 그것은 내 자신에 관한 문제이자 어린 시절에 겪었던 상처 때문이었다. 간단히 말하자면, 당시 상황은 나에게 더 힘들었다. 나는 열 살 때, 내 가족생활 전체가 순식간에 무너지는 것을 목격하는 힘든 성장 과정을 겪어야 했다. 그리고 7년이 지나 그 여자 친구와 헤어지기 전까지 그때의 아픈 현실을 결코 대면한 적이 없었다. 나는 당시 여자 친구가 나의 상처를 치료해 줄 수 있다는 잘못된 믿음을 가지고 있었고, 이제 그녀는 사라져 버린 것이다.

나는 6개월의 기간에 걸쳐서 나를 괴롭히는 것들을 하나하나 대면해 나가기 시작했다. 나는 기도와 성경 공부를 통해서 그것들을 쫓아내거나 최소한 밀어내고 있었다. 나는 욥기를 읽으며 슬픔의 시간을 통과해 나가고 있었다.[6] 나는 그와 동시에 성경 전체를 읽어 나갔다.

나는 내 과거의 각 단계를 되짚어 나가면서, 내가 가진 무거운 짐을 하나님께 맡기기 시작했다. 즉 예수님의 든든한 어깨에 내 사탄이 우울, 불안, 고통 등을 통해서 내 영혼을 대적해서 싸우려 할 때, 하나님은 그분의 말씀을 통해서 사탄을 대적해 싸우셨다.

짐을 맡기기 시작했다. 성경은 내가 과거의 아픔을 이해하고, 현재의 슬픔에 맞서며, 그 여자 친구가 없이 새로운 미래를 찾도록 도와주었다.[7] 나는 성경 곳곳에서 진정한 변화를 가져오는 그 무엇을 발견했다. 나는 늘 성경을 사랑했지만, 지금도 성경은 나의 마음을 사로잡고 감동을 준다. 사탄이 우울, 불안, 고통 등을 통해 내 영혼을 대적해서 싸우려 할 때, 하나님은 그분의 말씀을 통해서 사탄을 대적해 싸우셨다.

나는 예수님을 통해 강건함을 되찾았다. 나의 우울증이 거의 끝나갈 무렵, 나는 내 인생에 중요한 변화가 필요하다 생각하고 런던 유학 프로그램에 지원하기로 결정했다. 마감 기한이 훨씬 지났음에도 불구하고, 나는 우여곡절 끝에 그 프로그램에 들어갈 수 있었다. 심지어 여권도 없었지만, 결국 2주 안에 여권을 받았다. 런던에 첫발을 내딛었을 때, 나는 드디어 해냈다는 것을 알았다. 이제 내 상황은 바뀌었고, 내 영혼 안에서 뭔가가 깨어났다. 이때를 표현해 주는 노래가 나중에야 생각났는데(아마도 그때는 아직 쓰이지 않았을 수도 있다), 대략 이런 내용이다: "내 마음이 왜 이리 변덕스럽고, 내 눈은 왜 이리 어지러운지. 난 너의 거짓말 속에서 진실을 찾으려 애썼어. 그리고 지금 내 마음은 나도 모르는 것에 걸려 넘어지고 있어. 내가 아는 내 약함은 결국 내가 꺼내서 보여 주어야 해. 깨어라, 내 영혼아. 깨어라, 내 영혼아."[8]

그리스도의 사역을 통해서 하나님은 내 삶을 가지고 새 노래를 지으셨다. 내가 런던에 도착한 후 모든 일이 순조롭게 진행된 것도 아니고, (내가 싸우지 않아서) 우울증과 더 이상 싸우지 않게 된 것도 아니었다. 그러나 예수님을 의지하는 순간마다, 내 영혼은 완전히 자유로움을 얻었다. 그 느낌은 이후로도 나를 결코 떠난 적이 없다.

구원하시는 하나님을 경외하며 사는 것

하나님이 우리 안에서 역사하시는 과정은 참인간이 된다는 것이 무엇을 의미하는지를 배우는 과정이다. 이것은 우리가 고통을 느끼고 애통하는 이 세상의 피조물이라는 생각에 반대한다는 것이 아니라, 우리가 하나님의 관점으로 우리 삶의 여정을 이해하는 법을 배우는 것을 말한다. 내가 우울증에 빠져 있던 시간 동안, 나에게 가장 큰 위로를 준 것은 깊은 슬픔과 고통의 내용을 담은 시편 25편이었다. 이 시편은 다른 많은 시편과 더불어 성경이 고난과 고통에 어떻게 현실적으로 대응하는지를 보여 준다. 그렇게 함으로써 성경은 우리를 죽은 자 가운데서 다시 살리실 수 있는 살아 계신 하나님과의 대화로 우리를 초청한다(고후 1:9). 하나님은

> 하나님이 우리 안에서 역사하시는 과정은 참인간이 된다는 것이 무엇을 의미하는지를 배우는 과정이다.

우리의 괴로움을 돌아보시며 우리의 고통을 함께하신다(사 53장; 시 22편과 비교하라). 우리는 고통을 겪는 과정에서, 그리고 우리를 억누르는 어두움을 끊어 내는 과정에서, 하나님의 형상을 지닌 사람으로 살아간다는 것이 무엇을 뜻하는지를 발견하게 된다.

하나님의 형상으로 살아가고자 노력하는 사람으로서 바울이 초점을 맞추고 있었던 것은 그가 견디고 있는 시련이 아니었다. 오히려 그는 그 모든 시련을 이겨 내신 하나님 곧 예수님의 인격에서 가장 뚜렷하게 나타나는 하나님께 초점을 맞추고 있었다. 바울과 디모데가 아시아에 머무는 동안 "사망"의 위험에서 이들을 "건지셨던" 분은 바로 예수님이었고, 이들이 가는 길에 어떤 일이 닥치더라도 이들을 "건지실" 분 역시 예수님이었다(고후 1:10). 이것이야말로 그들이 "소망"을 예수님 안에 두었던 이유였다. 왜냐하면 예수님은 진정으로 우리를 구원하기에 충분히 강하시기 때문이다.

바울에게 있어, 예수님 안에 소망과 확신을 두는 것은 행동을 취하는 것, 곧 고난에도 불구하고 하나님과 그분의 약속에 대해 신실하게 순종하는 것을 의미했다. 하나님이 어디를 가시든 바울 역시 따라갔다. 그런데 하나님과 동행하는 것이 우리에게는 왜 이리 어려운 것일까? 우리는 하나님을 신뢰한다고 말하면서 사실 우리 삶의 모든 것에는 그분에 대한 불신이 그토록 깊이 자리하고 있는 것은 아닐까? 만약 하나님이 우리가 말하는 것처럼 진정 강하시다면, 왜 우리는 그분에게 우리의 아픔을 이야기하길 그토록 두려워하는 것일까?

바울은 하나님이 무엇이든 하실 수 있다는 것을 알고 있었다. 그는 자기를 돕길 위해 행동하실 수 있는 하나님, 그리고 공동체를 돕기 위해 행동하기 원하시는 하나님을 신뢰하고 있었다. 다른 이들에게는 아무것도 보이지 않을 때 바울은 희망을 보았다. 나는 바울이 아는 그 하나님과 동일한 하나님을 알고 있다. 나는 웅덩이와 수렁에서 나를 건져 내실 수 있는 하나님을 알고 있다(시 40편). 나는 나를 도우셔서 나로 하여금 새 노래, 곧 찬송과 경이로움의 새 노래를 부르게 하실 하나님을 알고 있다. 나는 절망을 끝낼 수 있는 하나님 곧 가장 깊은 우울증에 빠져 있는 마음을 치유하실 수 있는 하나님을 알고 있다.

우리가 겪는 아픔 중 많은 것이 깨어진 관계에서 온다. 이러한 관계들 중 일부는 우리가 잘못된 방식으로 소중히 여기는 것들이다. 우리는 이 관계들을 계속 이어 나가면서 소중히 여긴다. 우리는 하나님께만 합당한 자리를 이 관계들에 내주고 말았다. 그 결과, 우리는 이 관계들을 일종의 우

> 사람들은 우리를 실망시킬 것이다. 그러나 하나님은 그렇지 않다.

상으로 만들었다. 우리는 마음의 한쪽, 심지어 우리 마음의 전부를 하나님이 아니라 사람으로 대체해 버렸다(마 22:37과 비교하라). 바울은 고린도후서에서 사람이 하나님의 자리를 대신할 수 없음을 우리에게 보여 준다. 사람들은 우리를 실망시킬 것이다. 그러나 하나님은 그렇지 않다. 우리는 하나님의 통치를 반드시 받아들여야 한다. 그것은 그리스도를 우리 삶의 중심에 두는 것이다(고후 6:15-16; 7:1).

바울은 위로하시는 하나님, 죽은 자를 다시 살리시는 하나님, 구원하시는 하나님을 경외하는 사람이었다(고후 1:3, 9-10). 그는 고린도 교인들에게 자신과 함께 하나님을 찬송하자고 요청했다. 이는 그가 하나님의 구원을 감사할 때, 많은 이들도 함께 감사하게 하려 함이었다(고후 1:11). 마찬가지로 고통은 홀로 견디는 것이 아니다. 특별히 복음을 위한 고난은 더욱 그러하다. 고난은 서로가 함께 감당하는 것이다. 우리 모두는 고난 중에 서로 도와야 한다. 이것은 그리스도인들의 독특한 삶의 방식이다. 그렇게 하지 않는 것은 하나님의 뜻에 어긋나는 것이다. 일단 고통을 이겨 냈을 때, 우리 모두는 함께 하나님을 찬양할 수 있다. 하나님의 승리는 우리 모두의 승리이다.

고통과 절망을 이겨 내는 것이야말로 하나님께서 우리 삶에 원하시는 것이다. 하나님은 우리가 이겨 낼 수 있음을 믿고 계신다.

사실, 하나님이 우리로 하여금 그리스도의 능력을 통해 그렇게 할 수 있도록 해 주신다. 하나님은 당신을 그토록 믿고 계시기에 자신의 하나뿐인 아들을 당신을 위해 보내셔서 생명을 내주게 하셨다(요 3:16-17). 이보다 더 당신을 믿는 이가 누구일까? 그분은 내가 신뢰할 수 있는 하나님, 곧 내가 나의 고통을 능히 이기는 존재가 될 수 있다고 믿는 하나님이시다. 그분은 당신이 믿을 수 있는 하나님이시다. 그분은 당신이 가진 소망과 신뢰를 둘 수 있는 하나님이다(고후 1:9-10을 비교하라).

나는 이상적으로 이 이야기를 하고 있는 것이 아니다. 다만, 상처받는 것이 무엇인지 이해하는 한 사람으로서 이야기하는 것이다. 나는 깊은 상처를 안고 산다는 것이 무엇인지 알고 있다. 어떤 의미에서, 상처가 너무 깊으면 그것은 늘 당신 옆을 따라다닐 것이다. 그러나 나는 우리 육체에 있는 가시를 사용해서 위대한 일을 행하실 수 있는 하나님을 또한 알고 있다(고후 12:7-10). 나는 하나님이 그분의 궁극적인 영광을 위해 무엇이든 하실 수 있음을 안다. 그리고 바울 역시 이를 알고 있었다.

이제 당신은 참된 삶을 위해 기꺼이 해야 할 일이 무엇인지 알고 있는가? 그렇다면 당신이 끊어 내야 할, 어둠과 맺은 관계는 무엇인가?

| 읽어 볼 글들 |

- 고린도후서 1:3-11
- 시편 25편
- 시편 40편

| 생각해 볼 질문 |

01 당신은 사람들이 당신의 삶에서 하나님의 자리를 차지하도록 허용하고 있는가? 그렇다면 그 사람은 누구인가? 이처럼 잘못된 대상을 신뢰하는 마음을 어떻게 바꿀 수 있을까?

02 당신이 하나님께 내드려야 할 과거의 상처들은 무엇인가? (그것을 글로 써보는 것도 도움이 된다.)

03 그리스도께서 당신의 삶에서 어떤 어려움을 극복하게 하시는 것을 경험했는가? 이러한 승리는 어떤 방식으로 당신에게 미래에 대한 소망을 가져다주는가?

4장

바울처럼 우리 자신을 변호하다

고린도후서 1:12-3:18

우리는 모두 어느 시점에서 우리 자신을 변호하고 싶은 유혹을 받는다. 우리는 우리 자신이 옳고 다른 사람들이 틀렸다는 것을 세상에 증명하고 싶어 한다. 이를 위해서 우리는 보통 그 상황에 적합하다고 판명된 모든 방법을 인용하면서 우리가 가진 자격들을 내세운다. 그러나 바울은 다른 종류의 자격들을 내세움으로써 이러한 경향에 맞서 싸운다. 그는 많은 사람이 강하다고 보는 것이 실제로는 약할 수 있는 반면에, 약하다고들 말하는 것이 실제로는 강할 수 있음을 보여 준다.

> 많은 사람이 강하다고 보는 것이 실제로는 약할 수 있는 반면에, 약하다고들 말하는 것이 실제로는 강할 수 있다.

바울의 세계관의 중심에는 그리스도의 변화시키는 역사가 자리하고 있다. 그 역사는 우리가 단순히 설교만 하는 것이 아니라 일어나기를 기대해야 하는 것이다. 우리는 마치 예수님의 변화시키는 역사가 우리 자신과 다른 이들의 삶 속에서 늘 일어나고 있는 것처럼 행동해야 한다. 그리고 우리는 변화를 보지 못할 때마다, 삶과 사역에 대한 우리의 접근 방식에 대해 진지하게 질문하기 위해 멈춰야 한다. 우리는 그리스도의 역사가 늘 일어나고 있음을 미리 가정하고 있어야 하는 것이다.

그리스도의 사역을 미리 가정하기

내가 아는 한 교수는 고린도 서신들이 그리스도-이야기의 핵심 요소인 예수님의 선재, 생애, 죽음, 그리고 부활을 가정한다고 언급했던 적이 있다. 이 언급을 통해 그가 의미했던 바는 바울이 말하는 모든 요점이 실제로는 예수님의 현실성에 초점을 맞추고 있다는 것이었다. 결국 바울은 자신에 관한 것은 아무것도 아님을 알고 있다. 즉 예수님에 관한 것만이 중요하다는 것이다. 앞에서 언급했던 그 교수는 또한 하나님은 우리의 연약함 안에서 결정적으로 계시된다고 말했다. 왜냐하면, 우리의 연약함은 부활하신 그리스도의 능력을 가장 잘 보여 주기 때문이다.[1]

그 당시 나는 이 말을 절실하게 들어야 했다. 나는 학부와 대학원 과정 동안 당당해지기 위해, 그리고 내 자신을 증명하기 위해 열심히 노력하고 있었다. 나는 내 스스로 충분히 오랫동안 열심히 노력하면 성공할 것이라 믿었다. 학생으로서, 또 사역자로서 맡겨진 일들을 완벽히 해낸다면, 내가 가진 모든 부족함들은 어떻게든 해결되리라 믿었다. 그러나 나의 우울증이 오랜 시간 동안 내가 빠져 있었던 거짓말이었던 것처럼, 나는 또다시 거짓말에 속아 넘어가고 있었다. 말하자면, 나는 내 안에 나 자신을 의지하는 마음을 심어 놓았던 것이다.

우울함이란 당신이 가진 슬픔의 세계관이 어떻게든 옳은 것이라고 결정한다는 의미에서 우울증은 자기 의존성을 만든다. 우울함에 빠진 사람은 세상에 관한 진실을 볼 수 있는 유일한 사람은 바로 자기 자신밖에 없다고 믿게 된다. 우울함에 빠진 사람은 행복한 사람과 매우 다르게 세상을 바라보기 때문에 행복한 사람은 틀림없이 스스로를 기만하고 있다고 생각한다.

자기 의존과 자기 신뢰는 매우 위험하다. 대학생 시절 중 어느 때인가, 나는 순수하게 내 힘에만 의존한 나머지 너무 긴장하고 잠이 매우 부족해서 단답형 시험에서 낙방한 뒤에 공황 발작을 일으켰다. 나는 심장마비가 왔다고 생각해서 곧바로 의사에게 갔지만, 나의 뇌가 나의 몸에 비해 얼마나 더 힘이 센지를 알게 되었다. 모두 내 머릿속에서 일어나는 일이었다. 그때 나는 하나님 없이는 실패하고 말 것을 처음으로 깨닫기 시작했지만, 그 진리를 정말로 이해하는 데는 몇 년이 걸렸다. 나는 기숙사 방으로 돌아와서 모든 것이 나에게 달려 있는 것처럼 공부를 계속했다.

고린도후서에서 바울은 나의 경우와 같은 자기 의존적인 세계관의 파괴적인 힘을 보여 준다. 바울은 인간의 지혜와 하나님의 지혜, 즉 우리의 길과 하나님의 길을 비교하면서, 하나님을 위해서, 그리고 하나님과 함께 살아가는 것이 다른 모든 선택보다 훨씬 더 중요하다는 것을 보여 준다. 그는 고린도 교회의 믿는 자들에게 이렇게 말한다.

> 우리가 세상에서 특별히 너희에 대하여 하나님의 거룩함과 진실함으로 행하되 육체의 지혜로 하지 아니하고 하나님의 은혜로 행함은 우리 양심이 증언하는 바니 이것이 우리의 자랑이라(고후 1:12)

바울은 자신의 행동이 하나님을 위해 분명하게 구별된 삶인지, 자신의 동기는 순수한지의 여부로 자기 사역의 효력을 측정했다. 또한 그의 사역은 "하나님의 은혜로" 이루어져야만 했다. 이러한 생각은 바울이 빌립보 교인들에게 쓴 편지에서 말했던 내용과 공명한다.

나는 비천에 처할 줄도 알고 풍부에 처할 줄도 알아 모든 일 곧 배부름과 배고픔과 풍부와 궁핍에도 처할 줄 아는 일체의 비결을 배웠노라 내게 능력 주시는 자 안에서 내가 모든 것을 할 수 있느니라(빌 4:12-13)

바울은 시험에서 높은 점수를 받는 것, 예배에 많은 회중을 불러 모으는 것, 혹은 돈이 들어가는 일에 많은 후원금을 받는 것과 같은 전통적 성취를 기초로 삼아 자신의 사역을 평가하지 않았다. 그 대신에 바울은 그리스도의 방법으로 그리스도의 일을 하기 위해 그리스도를 의지하는지 여부에 근거하여 성취를 평가한다.

바울이 자랑하는 이유는 궁극적으로 고린도 교회 교인들에게 있었다. 그들이 예수님을 신뢰했기 때문이다. 이와 비슷하게, 고린도 교회의 믿는 자들이 할 수 있는 자랑은 그들의 동역자인 바울을 통해서 하나님이 행하신 일에 근거한 것일 뿐이다(고후 1:13). 우리는 서로의 안에서 행하신 그리스도의 일을, 오로지 이것만을 자랑해야 한다. 어떤 그리스도인이 하나님을 위해서 한 행동에 대해 자랑함을 듣는 것은 얼마나 멋진 일인가! 그것은 기대되는 일이고, 함께 이야기를 나눌 만한 일이다.

여행과 하나님

바울은 자랑할 가치가 있는 것은 오로지 예수님이 행하신 일뿐이라는 것을 확인시킨 후, 자신에 관한 소문, 곧 그가 우유부단하다거나 신뢰할 만한 사람이 아니라는 소문이 근거 없는 말이라는 것을 밝혀낸다. 고린도후서 1:15-24에 있는 바울의 말에 따르면, 고린도 교인들은 바울이 약속한 고린도 방문을 지키지 않았기 때문에 그가 자신의 말을 지키지 않는 사람이라고 생각한 것처럼 보인다. 바울은 자신이 두 번이나 그들을 찾아가려고 했음을 설명한다. 한 번은 고린도를 방문했다가 사역을 위해 마게도냐로 가는 것이었고, 그다음에는 다시 고린도에 들렀다가 유대로 가는 계획이었다(고후 1:16). 하지만 근심으로 가득 찬 바울의 첫 번째 고린도 방문 기간 동안 바울과 고린도 교인들 사이에 발생한 분쟁 때문에, 그는 아마도 또 다른 근심으로 가득한 방문이 되지 않도록 여행 계획을 변경하기로 결정한 것 같다(고후 2:1-3).

그러나 분쟁과 슬픔은 바울이 고린도 교인들을 사랑하는 것을 막지 못했다. 바울의 근심 어린 방문과 고린도후서의 기록 사이에 바울은 지금은 남아 있지 않은 편지를 썼다. 바로 이 편지를 언급하면서 바울은 우리에게 참된 사랑이 무엇인지를 보여 준다.

내가 마음에 큰 눌림과 걱정이 있어 많은 눈물로 너희에게 썼노니 이는 너희로 근심하게 하려 한 것이 아니요 오직 내가 너희를 향하여 넘치는 사랑이 있음을 너희로 알게 하려 함이라(고후 2:4)

고린도후서를 쓰게 만든 것은 바로 이 슬픔의 편지와 이 편지에 대한 교회의 반응이었다.[2] 그리고 이 편지에서 바울이 쓴 내용들은 다른 그리스도인들과의 관계에서 생긴 어려움에 대해 우리가 어떻게 반응해야 할지를 보여 준다. 그것은 사랑으로 대할 뿐 아니라 담대함으로 대하라는 것이다.[3]

바울의 "슬픔의 편지"

바울이 고린도후서 2:4에서 언급한 그 편지는 현재 우리에게 남아 있지 않다. 바울은 아마도 그 편지를 고린도전서와 고린도후서를 기록한 시기 사이에 썼던 것으로 보인다. 그 편지에 대한 언급에 따르면, 그 편지의 주요한 목적은 고린도 교인들이 하나님의 뜻을 거스르는 신자들에 대처할 수 있도록 격려하는 것이었다(고후 2:6, 9; 7:12을 보라).

문으로 걸어 들어가다

바울이 담대하다고 해서, 그가 모든 사람이 보기에 자신이 책망받을 일이 없다고 믿은 것은 아니다. 그 대신에 바울은 고린도 교인들이 자신을 이해하는 데 어려움이 있음을 인정하고 자신에 대해 설명하기 시작했다. 바울과 고린도 교회 사이의 불편한 관계만이 바울이 고린도로 되돌아가지 못한 이유는 아니었다. 하나님의 계획 역시 한몫을 했던 것이다. 바울은 자신이 드로아에 있는 동안, 하나님이 그에게 복음을 위한 열린 문을 보여 주셨다고 기록한다. 그러나 바울은 드로아에서 자기 사역에 필요한 동역자로 여기는 디도를 만나지 못했기 때문에, 마게도냐(지금의 그리스 북부 지역)로 넘어갔다. 이것은 에게해를 가로질러 마게도냐를 향해 북서쪽으로 나아가서 육로로는 고린도를 향해 남쪽으로 여행함을 의미했다. 바울의 고린도 방문이 상당히 지연된 것은 바로 이 과정 때문이었다.

바울은 자기 삶에 개입하시는 하나님의 관점에서 자기 계획이 변경된 것을 설명한다. 그리고 이것이야말로 예수님을 믿는다고 고백하는 우리 각자가 반드시 갖추어야 할 덕목이다. 하나님의 새로운 방향을 따른다는 생각은 바울로 하여금 다음과 같은 찬송을 편지 중간에 삽입하도록 영감을 주었다.

> 항상 우리를 그리스도 안에서 이기게 하시고 우리로 말미암아 각처에서 그리스도를 아는 냄새를 나타내시는 하나님께 감사하노라 우리는 구원받는 자들에게나 망하는 자들에게나 하나님 앞에서 그리스도의 향기니 이 사람에게는 사망으로부터 사망에 이르는 냄새요 저 사람에게는 생명으로부터 생명에 이르는 냄새라 누가 이 일을 감당하리요(고후 2:14-16)

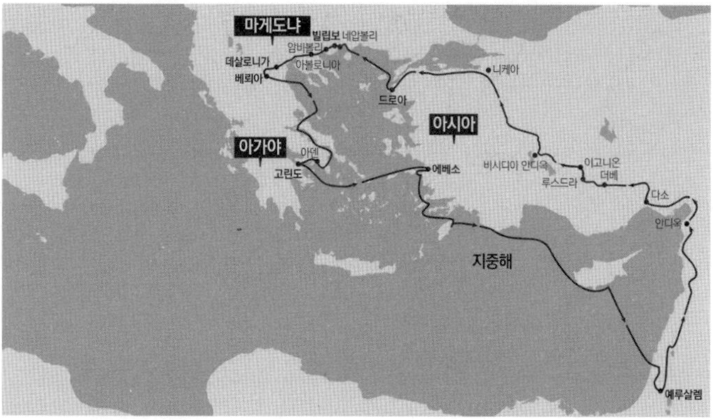

| 바울의 2차 선교 여행[4]

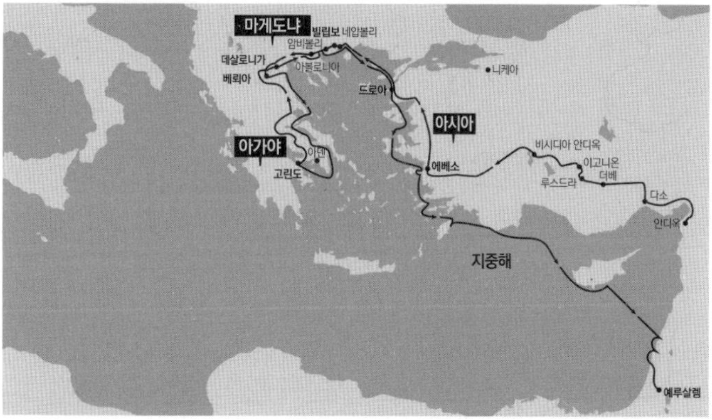

| 바울의 3차 선교 여행[5]

바울은 자신의 소명이 좋은 향기처럼 예수님을 나타내는 것임을 알고 자신의 삶을 살았다. 그러나 이 향기는 예수님을 거절하는 자들에게는 좋아할 만한 것은 아니었다. 여기서 바울은 다시 한 번 자신의 그리스도 중심적 세계관을 분명하게 말한다. 그것은 예수님의 생명 안에서 살아가는 사람과, 사탄의 권세 안에서 멸망하는 사람들이 있다는 사실이다.

비록 우리는 때때로 그렇지 않은 것처럼 행동하고자 하지만, 삶과 죽음이 사역에 달려 있다. 그리고 바울로 하여금 자신이 하나님의 말씀을 혼잡하게 만드는 자가 아니라고 말하게 만든 것은 바로 이러한 사실 때문이다(고후 2:16-17). 바울은 자신의 사역이 삶과 죽음에 관한 것이라는 현실성 안에서 살고 있었다. 그리고 바울이 교인들과 교류한 곳은 바로 하나님의 법정이다. 고린도 교인들의 반대에도 불구하고, 바울은 자신이 사명에 있어 순수한 마음임을 알았으며, 하나님이 그를 통해 행하시는 일을 믿고 있었다. 심지어 (고린도 교인들을 비롯한) 다른 이들은 그렇게 받아들이지 않을 때조차도 말이다.

그런데, 이 추천서가 가진 가치는?

고린도 교인들은 하나님이 바울의 사역을 통해서 어떻게 일하셨는지를 확인하기 위해 그들 자신을 보면 된다고 바울은 말한다.

바울은 자신의 가치를 증명하기 위한 추천서가 필요치 않았다. 바울의 "만족"은 하나님에게서 왔다. 그리고 고린도 교회 신자들은 그에 대한 살아 있는 증거였다(고후 3:1-5). 그들에게 생명을 주는 존재는 그들 가운데 역사하시는 하나님의 영이지 하나님의 말씀을 거짓된 동기로 어지럽히는 자들이 아니었다(고후 2:17; 3:6).

> 오직 하나님만이 우리 마음속에 있는 어둠을 취하셔서 빛으로 바꾸어 놓으실 수 있다. 오직 하나님만이 그분이 보시는 대로, 즉 구원의 아름다운 빛깔들 속에서 세상을 볼 수 있도록 도우실 수 있다.

속아 넘어가기는 쉽다. 그러나 우리가 모든 힘을 다해 그리스도를 따라갈 때, 사탄이 자신의 거점을 찾기란 훨씬 더 어려워질 것이다. 바울은 우리 삶이 예수님의 새 언약의 사역 안에 완전히 뿌리내려야 함을 보여 준다(고후 3:6). 이것은 우리가 애써 찾고자 하는 안전장치를 제공함은 물론 그보다 훨씬 더 많은 것을 준다. 예수님 아래 있는 새 언약은 우리를 구원할 능력이 있다. 하나님은 우리에게 필요한 것을 주실 수 있는 능력을 가진 유일한 분이시다. 하나님은 그분의 사역을 위해 우리가 충분히 넉넉해지게 하실 수 있는 유일한 분이다. 우리 스스로는 늘 자기 자신이 부족하다는 것을 알게 될 것이다. 자기 의존적인 상태에서는 새 언약의 진리를 보지 못하게 될 것이다. 진리는 이것이다. 오직 하나님만이 우리 영혼을 근본부터 바꾸어 놓으실 수 있다는 것이다. 오직 하나님만이 우리 마음속에 있는 어둠을 취하셔서 빛으로 바꾸어 놓으실 수 있다. 오직 하나님만이 그분이 보시는 대로, 즉 구원의 아름다운 빛깔들 속에서 세상을 볼 수 있도록 도우실 수 있다. 바울은 이러한 사실을 웅변하듯 다음과 같이 말한다.

> 우리가 무슨 일이든지 우리에게서 난 것같이 스스로 만족할 것이 아니니 우리의 만족은 오직 하나님으로부터 나느니라 그가 또한 우리를 새 언약의 일꾼 되기에 만족하게 하셨으니 율법 조문으로 하지 아니하고 오직 영으로 함이니 율법 조문은 죽이는 것이요 영은 살리는 것이니라(고후 3:5-6)

고린도 교인들과 바울의 관계는 오직 예수님으로 인해 회복될 희망이 있었다. 오직 예수님이 우리가 나누는 대화에 있어서 원동력이 될 때, 그리고 오직 하나님의 인격과 사역이 우리 삶의 중심이 될 때, 우리는 진정으로 변화될 수 있다. 예수님은 이 세상에 새로운 현실을 구축해 놓으셨다. 만약 우리가 그 현실을 받아들인다면, 그것은 하나님의 사랑과 평화로 우리의 모든 관계를 변화시킬 수 있다.

새 언약으로 인해 바울은 그리스도의 능력을 가지고 고린도 교인들에게 앞으로 나아갈 희망 찬 길을 보여 주었다. 이들의 관계는 회복될 수 있었다. 하지만 그 회복은 예수님 그분을 기초로 해서 이루어져야만 했다. 바울은 자신과 고린도 교인들이 함께할 수 있다고 믿었지만, 그들이 맺은 관계의 조건은 예수님과 맺은 새 언약을 반영하도록 바뀌어야만 했다.

많은 사람들은 그리스도인이 된다는 것이 관계의 건강함이나 개인의 영적 건강을 거의 고려하지 않은 채로 그저 모든 사람을 있는 모습 그대로 받아들이는 것이라 잘못 생각한다. 바울의 행동은 그가 이러한 생각에 반대하고 있음을 보여 준다(고후 2:5-11; 고전 5:1-6:11과 비교해 보라). 고린도후서의 뒷부분에서 바울은 자신이 고린도 교인들과 맺은 관계를 해로운 것으로 인식했고, 그 관계를 있는 그대로 내버려 두기를 거부했음이 분명히 드러난다(고후 13:1-10). 바울은 사랑으로 대하지만, 또한 단호하게 대하기도 한다. 바울은 진리가 상처를 주는 한이 있어도, 진리를 말하길 두려워하지 않았다(고후 12:21). 진실한 사랑은 모든 것을 그 자리에 그대로 있게 내버려 두지 않는다. 진실한 사랑은 그 관계가 앞으로 더 나아가도록 재촉한다. 이것을 다른 말로 표현하자면 이렇다. "진정한 사랑은 대가 치르기를 두려워하지 않는다."[6]

바울처럼 우리도 우리 관계에 단호함과 진리가 필요할 때를 알아야 한다. 사랑 때문에 우리는 정직한 대면이라는 위태한 길을 가야 한다. 우리는 예수님을 위한 비용을 계산하고 예수님이 그에 합당한 분이심을 결정한 다음에 기꺼이 어려운 결정을 내려야 한

> 진실한 사랑은 모든 것을 그 자리에 그대로 있게 내버려 두지 않는다. 진실한 사랑은 그 관계가 앞으로 더 나아가도록 재촉한다.

다. 우리는 그리스도를 위해 기꺼이 대가를 치러야 한다. 왜냐하면 예수님은 모든 것이 되시기 때문이다.[7]

예수님의 현실로 거짓과 맞서다

우리는 돈, 직장, 휴가, 성과와 같이 영광스러워 보이는 것들에 우리의 믿음을 두고 싶은 유혹을 받을 수 있다. 그러나 결국 우리는 이러한 것에서 나오는 모든 영광은 사라져 버리는 반면, 그리스도와 성령의 영광은 풍성하며 길이 남는다는 것을 깨닫게 된다(고후 3:7-11). 성령은 생명을 주며 자유롭게 한다. 성령은 믿는 자들을 그리스도의 형상으로 변화시킨다(고후 3:6, 17-18). 바울이 담대할 수 있었고 어떤 상황에서도 진리를 말할 수 있었던 이유는 모든 것을 능가하는 이 영광에 대한 소망이었다(고후 3:12).

이것을 설명하기 위해 바울은 고린도 교인들의 행동이 그 당시 몇몇 사람들이 유대교 율법을 이해한 방식과 직접적인 유사성이 있다는 것을 보여 주었다.[8] 이들은 율법이 실제로는 그 율법의 완성이신 예수님에 관한 진리를 보지 못하게 막고 있음에도, 율법이 자신들을 구원해 줄 것처럼 율법에 집착했다(고후 3:6-7, 13-17).[9] 마찬가지로, 고린도 교인들은 거짓된 지도자들에게 자신들의 소망을 두면서 예수님이 주시는 자유를 보지 못했다. 오늘날 우리 중 많은 이들이 같은 상황에 처해 있다. 우리는 예수님을 바라보아야 할 때, 우리를 예수님께로 더 가까이 가도록 이끌어 줄 지도자들을 바라본다. 지도자들이란 우리를 예수님께 인도하는 사람이어야지, 예수님을 대신하는 사람이 되어서는 안 된다.[10]

우리가 가질 만한 가치가 있는 유일한 추천서는 예수님을 위한 삶이다. 그 삶은 살아 계신 그리스도에 의해서 다른 사람들의 삶이 근본적으로 변화되는 결과를 가져오는 삶이다. 우리가 이렇게 사는 법을 배울 때, 우리는 하나님의 형상을 지닌 사람으로서 참 인간이 될 것이다. 바울은 이렇게 말한다.

> 우리가 다 수건을 벗은 얼굴로 거울을 보는 것같이 주의 영광을 보매 그와 같은 형상으로 변화하여 영광에서 영광에 이르니 곧 주의 영으로 말미암음이니라(고후 3:18)

우리가 이룰 만한 가치가 있는 유일한 성취는 예수님과의 관계와 성령의 역사를 통해 하나님을 더 닮아 가는 것이다(빌 3:7-9). 우리에게 중요한 가치가 있는 유일한 힘은 우리를 어둠에서 빛으로 인도하시는 하나님의 능력에 뿌리를 둔 힘이다. 우리가 가져야 할 가치가 있는 유일한 변호는 우리 삶에서 그리스도의 구속

(redemption)이 가진 현실이다. 우리가 가져야 할 유일한 정체성은 하나님의 형상으로 변화되어 이 세상에 그분의 영광을 비출 하나님 자녀로서의 정체성이다.

| 읽어 볼 글들 |

- 고린도후서 1:12-2:4
- 고린도후서 2:12-3:18
- 창세기 1:26-31
- 빌립보서 4:10-14

| 생각해 볼 질문 |

01 아직까지 예수님을 위해 드릴 준비가 되지 않은 것은 무엇인가?

02 당신이 하나님의 형상을 더 잘 드러낼 수 있도록 당신의 삶의 영역 중 지금 하나님께서 일하고 계신 영역은 어디인가?

5장

얼룩말, 사자, 그리고 신학

고린도후서 2:9-11

간단히 말해, 바울과 고린도 교인들이 맺은 관계는 복잡했다. 우리가 맺는 많은 관계들과 마찬가지로 모호함으로 가득 차 있었다. 그러나 고린도후서에 있는 바울의 말은 바울이 가진 일반적인 방식 곧 세계관을 보여 준다. 이 세계관은 예수님을 중심으로 하고 있으며 바울이 고린도 교인들에게 말하는 방식을 포함해서 바울의 삶에 있는 모든 것을 움직인다. 바울의 세계관은 본질적으로 삶의 변화에 관한 것이다. 이러한 사실은 우리가 고린도전서를 배경으로 해서 고린도후서에 있는 바울의 이야기를 배치할 때 명확히 드러난다.

고린도의 사탄과 메시아

(실제로 고린도 교회에 보낸 바울의 두 번째 편지인) 고린도전서에서 바울은 고린도 교인들 사이에서 하나님의 일하심의 효력을 손상시킬 수 있는 모든 종류의 영적인 문제들을 다룬다. 바울은 믿는 자들이 문화와 어떻게 교류하고, 그들의 공동체 안에서 발생한 죄를 어떻게 다루어야 하며, 어떻게 예배를 드려야 하는지에 초점을 맞추었다. 우리는 바울의 강력한 비난을 읽을 때 고린도 교인들이 회개하기를 기대하겠지만, 이들의 반응은 우리가 기대하는 것과는 매우 달랐다.

고린도후서는 우리에게 고린도전서와 아마도 그의 세 번째 편지(고후 2:3-4; 7:8, 12에서 언급한 근심으로 가득한 편지)에서 바울이 다루었던 동일한 문제들이 고린도 교인들 사이에 여전히 남아 있었음을 보여 준다. 그리고 사실, 그 문제들은 더 심해졌다. 우리가 이후에 고린도후서에서 알게 되듯이, 거짓' 사도들은 고린도 교회 안에서 추종자들을 끌어들이고 있었으며 바울의 권위를 약화시키고 있었던 것이다(고후 11:3-4, 12-13). 이러한 배경을 염두에 두면서 우리는 바울이 극심한 분노로 반응하리라 예상한다. 그러는 대신에 바울은 고린도 교인들에게 안타까운 마음으로 편지를 쓰지만, 어려운 문제들에 대해서는 단호하고 담대하게 다룬다.

이 모든 감정의 중심에는, 그리고 일반적으로 고린도 교인들의 관계는 우리가 그 관계의 상황을 좋아하는지와 관계없이 우리가 하는 모든 일의 중심에 있다.

혼란의 중심에는, 관계가 자리하고 있다. 관계는 우리가 그 관계의 상황을 좋아하는지와 관계없이 우리가 하는 모든 일의 중심에 있다. 어떤 삶도 다른 이들의 놀라운 영향력이 없이는 만들어지지 않는다. 관계는 우리를 더 나은 사람으로 만들 수도 있고 더 나쁜 사람으로 만들 수도 있다. 우리에게는 늘 우리가 어떻게 반응할지에 대한 선택이 주어진다. 그러나 이 세상이 우리에게 미치는 영향력이라는 현실은 피할 수 없다. 질문은 이것이다. 이 세상이 우리를 더욱 나쁘게 만들기 전에 우리가 이 세상을 더 좋게 만들 것인가? 바로 이와 같은 생각이 바울이 고린도 교인들에게 한 말의 동기다.

바울은 고린도에서 복잡하게 꼬여 버린 관계를 순전히 고통의 원인으로만 여기고 그들에게서 떠나거나 화를 내며 대응할 수 있었다. 하지만 그 대신에 바울은 깊은 사랑으로 이에 반응했다. 바울은 세상이 그를 변화시키도록 내버려 두지 않고 그가 세상을 변화시키기로 결심했다. 바로 이것이 고린도후서 2장에서 바울이 다음과 같이 쓴 내용을 이야기할 때 가장 주의 깊게 살펴볼 내용이다.

> 너희가 범사에 순종하는지 그 증거를 알고자 하여 내가 이것을 너희에게 썼노라 너희가 무슨 일에든지 누구를 용서하면 나도 그리하고 내가 만일 용서한 일이 있으면 용서한 그것은 너희를 위하여 그리스도 앞에서 한 것이니 이는 우리로 사탄에게 속지 않게 하려 함이라 우리는 그 계책을 알지 못하는 바가 아니로라(고후 2:9-11)

바울은 자기 자신을 위해서가 아니라 다른 많은 사람들을 위해 편지를 썼다. 그는 다른 이들의 삶이 변화되는 것을 보기 위해 글을 썼다. 그는 용서가 일어나도록 글을 썼다. 바울은 자신과 디모데, 그리고 고린도 교인들이 사탄에게 속지 않도록 편지를 쓰는 것이다. 바울은 사탄의 계책을 알고 있었으며, 그러한 계책에 빠지지 않으려고 온갖 노력을 기울였다.

만약 고린도후서 2장에서 바울이 용서한 그 사람이 고린도전서 5장에서 "사탄에게 내주었"던 사람 곧 역겨운 성적인 죄를 범했던 그 사람이라면, 여기서 바울이 말하고자 하는 바는 더욱 깊은 뜻이 있다.

> 너희 중에 심지어 음행이 있다 함을 들으니 그런 음행은 이방인 중에서도 없는 것이라 누가 그 아버지의 아내를 취하였다 하는도다 그리하고도 너희가 오히려 교만하여져서 어찌하여 통한히 여기지 아니하고 그 일 행한 자를 너희 중에서 쫓아내지 아니하였느

냐 내가 실로 몸으로는 떠나 있으나 영으로는 함께 있어서 거기 있는 것같이 이런 일 행한 자를 이미 판단하였노라 주 예수의 이름으로 너희가 내 영과 함께 모여서 우리 주 예수의 능력으로 이런 자를 사탄에게 내주었으니 이는 육신은 멸하고 영은 주 예수의 날에 구원을 받게 하려 함이라(고전 5:1-5)[1]

바울이 고린도전서에서 이야기한 그 사람은 아마도 자기 죄를 회개하길 거부했고, 이로써 예수님의 은혜를 값싼 것으로 만들어 버려 다른 믿는 자들에게 나쁜 본보기가 되었을 것이다.[2] 또한 그는 로마 제국조차 죄로 여긴 행위 곧 자기 어머니 혹은 계모와 계속해서 성관계를 갖는 죄를 범하고 있었기 때문에, 고린도에서 일반인들에게 그리스도인의 명성을 실추시켰다. 이런 종류의 죄는 그 사람을 고린도 교회 공동체 곧 고린도 교회 공동체의 예배와 식사, 그리고 성만찬에서 제외하는 결과를 초래한다.

화해라는 공통의 주제

고린도 교인들은 고린도후서 2:10에서 언급된 그 사람을 용서함으로써 바울을 화나게 만들었다고 염려했을 수 있다(특히 그 사람이 고전 5:1-13에서 언급했던 사람이라면 말이다). 그러나 바울은 화나지 않았고 교회의 거룩함이 유지되는 한 이들의 화해를 지지한다는 점을 분명히 밝힌다. 바울은 자신의 여러 편지에서 믿는 자들에게 서로 용서하고 교회의 하나 됨에 더욱 힘쓰라고 격려한다(엡 4:32; 고후 5:18; 골 3:13).

우리가 고린도전서 5:1-5을 어떤 방식으로 읽든 상관없이, 바울이 보기에, 당신은 하나님의 공동체 곧 하나님의 교회에 속해 있거나 아니면 사탄의 지배 아래에 있는 것이 분명하다. 어떤 사람이 하나님의 보호 아래 들어가기를 거부하는 모든 결정은 그 사람으로 하여금 사탄의 권세에 취약하게 만드는 것과 같다. 이것은 오늘날 우리 시대의 문화가 잃어버린 세계관이다. 구원받기 위한 유일한 길이 있다면 그것은 예수님과의 관계를 통해서이다. 이 관계는 필연적으로 죄에 대한 회개를 포함한다.

나는 교회를 중심으로 한 구원의 더욱 강경한 노선이나 어떤 새로운 유형의 근본주의를 주장하고자 하는 것이 아니다. 나는 그런 생각에는 반대한다. 그러나 우리는 예수님을 아는 사람과 예수님을 모르는 사람 사이의 기본적인 차이점을 이해할 필요가 있다. 단순하게 우리는 예수님을 모르는 사람이 예수님을 아는 사람처럼 행동하기를 기대할 수 없다. 마찬가지로 우리는 그런 사람이 우리를 하나님의 길로 더 가까이 이끌어 주거나 경건한 지혜를 주리라 기대할 수 없다.

반면에 우리는 예수님을 아는 사람들에게는 예수님을 향해 신실하게 순종하며 살 것을 기대할 수밖에 없다(고전 5:9-13; 롬 6:1-7; 17-19). 단지 모든 사람들이 각자 어떤 사람이 되든, 무엇을 하기 원하든, 이를 허락하는 것이 교회가 할 일이라는 생각은 하나님의 구속적 목적과 일치하지 않는다. 우리는 교회 안에 예수님을 알지 못하는 사람들을 위한 자리를 늘 마련해 놓아야 한다. 그러나 예수님을 안다고 주장하면서 완전히 죄로 가득한 삶을 살기로 선택하는 사람들은 그에 합당한 책임을 반드시 져야만 한다. 만약 이런 사람이 한 걸음 더 나아가 교회의 평판을 실추시키거나 교회를 다른 이들에게 안전하지 않은 곳으로 만드는 행위를 저지르고 있다면, 그렇다면 교회는 그 사람에게 떠나도록 요청해야 한다.

우리가 예수님을 안다고 주장하는 사람을 포용하지만, 그 사람이 예수님에게 순종하리라 생각되지 않을 때, 우리는 우리가 믿는다고 주장하는 바로 그 복음 곧 변화시키고 치유하고 새로운 피조물로 만드는 그 복음을 훼손하고 있는 것이다. 사람들이 그리스도인 공동체를 떠나도록 요청받는 경우는 드물다. 그리고 (고린도전서 5:1-15에서 바울이 사탄에게 내준 사람처럼) 이런 방식은 궁극적으로 그들 자신과 교회에 더 유익할 것이다.

만약 고린도후서 2:10에서 바울이 용서한 그 사람이 고린도전서 5:1에서 사탄에게 내준 바로 그 사람이라면, 우리는 이와 같은 바울의 방식이 효과적이라는 직접적인 증거를 가진 것이다. 결국, 그 사람은 회개하고 그리스도인 공동체로 다시 돌아오도록 받아들여지고 용서받았을 수 있는 것이다. 그리고 비록 이러한 구절들이 서로 다른 두 사람에 관한 내용일지라도, 고린도후서에서 우리는 용서란 극히 어려운 상황에서도 일어날 수 있는 것임을 알 수 있다. 그리스도의 사랑 안에서 깨어진 관계는 다시 회복할 수 있고, 그래야만 한다.

사탄, 사자, 그리고 하이에나

고린도후서 2:11에 나오는 사탄의 계책에 관한 말은 우리에게 교회 밖에 있는 사람들은 정말 무방비 상태에 있다는 것을 상기시켜 준다. 나는 하나님의 통치와 사탄의 통치라는 현실을 이해하지 못했던 때가 있었다. 돌이켜 보면, 나는 교회가 마치 내가 자랐던 대형 교회에서 사용하는 커피 잔에 쓰인 문구처럼 "언제나 당신을 위한 장소"라 믿고 있었다. 그리고 나는 이 말을 믿으면서도, 어디에도 속한 곳이 없는 나 자신을 발견했다.

열여덟 살이 되었을 때, 나는 몇몇 친구들과 함께 사역을 시작했다. 그 사역이란 금요일 저녁 전도 행사였는데, 실제 댄스홀이었던 교회 안에 커피 하우스를 차려 놓은 것이다. 우리는 대학 도시에서 파티를 여는 것의 대안으로 청년들을 위한 크고 놀라운 무언가를 만들어 낼 기회를 찾았다고 생각했고, 그것을 통해서 많은 사람을 예수님께로 인도하길 바랐다. 우리는 어느 정도 성공을 거두었지만, 그것은 우리가 예상했던 것과는 다른 것이었다. 우리가 그것을 깨닫기도 전에, 우리의 커피 하우스 사역은 7세에서 70세까지의 사람들이 모이는 작은 교회가 되어 버렸던 것이다. 어떤 이들은 이전 교회에서 경험한 일들에 대해 치유가 필요했고, 또 어떤 이들은 평생 교회에 다녀 본 적이 없는 사람들이었다. 이들 모두는 예수님에 대해 배우고 더 깊은 신앙으로 들어가고자 했다.

하나님은 정말 멋진 일들을 행하셨다. 왕년에 갱단 두목이었던 사람을 예수님께로 오게 하셨고, 삶의 마지막 문턱에 다다른 죽어 가는 사람을 섬겨 주셨다. 그리고 인도의 가난한 지역에 우물 여섯 개를 파게 하셨다. 그러나 나는 목사가 될 준비가 되어 있지 않았다. 나는 여전히 해결해야 할 오랜 기간 동안 가지고 있던 많은 죄들이 있었다. 우리 사역이 급격히 확장되고 있었을 때, 나는 겨우 열아홉 살에 불과했고, 내가 감당해야 할 책임들을 떠맡아 줄 수 있는 지도자들은 거의 없었다. 그와 동시에, 나는 한 번에 두 가지 고대 언어를 배워야 하는 대학 공부와 설계사 아르바이트를 병행하고 있었다.

도움이 절실했던 나는 지도자가 되어서는 안 될 사람을 지도자의 자리에 앉히고 말았다. 그는 가젤의 옷을 입은 사자로 밝혀졌다. 그는 시간이 많았고 그 시간을 이용해서 사람들에게 도움을 주고 싶어 하는 회개한 죄인처럼 보였다. 그러나 시간은 그가 가진 커다란 문제들 중 하나에 불과했다. 그는 마약 문제, 전과 기록, 정신 불안 전력, 귀신 들림을 숨기고 있었던 것이다. 그는 자신이 하던 습관들에 빠져 시간을 보냈다. 당신은 이 이야기가 결국 어디로 향하게 될지 짐작할 수 있을 것이다. 영화 「반지의 제왕: 두 개의 탑」에서 뱀 혓바닥 그리마(Gríma Wormtongue: 언변으로 세오덴의 눈과 귀를 막은, 첩자이자 간신 – 역자 주)가 세오덴 왕에게 했던 것처럼, 그는 점점 나에게 가까이 다가와서 서서히 내 마음을 사로잡았다. 세오덴처럼 나 역시 그의 말이 나의 자아와 불안함을 만족시켰기 때문에 그의 말에 빠져들어 가면서 이러한 일들이 벌어지도록 내버려 두었다.[3]

결국, 그 그리마의 실체는 기도 모임을 하는 동안 그가 가지고 있었던 문제들이 드러나면서 그가 제 정신이 아닌 모습을 보여 주었을 때에 밝혀졌다. 당시 나는 그 모임에 참석하고 있지 않았지만, 그 자리에 있었던 사람들은 큰 충격을 받았다. 이 실책으로 나의 사역은 거의 끝날 뻔했고, 나 자신은 회복하는 데 몇 년의 시간이 걸렸다.

그러나 그 그리마가 우리 공동체에게 준 것은 단지 트라우마만이 아니었다. 그는 그와 관련된 사람들의 믿음을 흔들어 놓았다. 나는 믿음이 연약한 사람들이 이 충격적인 사건을 경험하면서, 내가 영적 "하이에나"라고 불렀던 것들로 인해 괴로워하는 모습을 고통스럽게 지켜보았다. 영적 하이에나들은 보통 대부분의 지역에서 합법적인 것으로 여겨지는 일들에 중독된 형태로 찾아오지

> 만약 사탄이 포악한 사자와 같다면, 하이에나는 연약한 자들을 노리고 이들이 회복할 수 있는 기회들을 최소화하는 악한 영들이자 사람들이다.

만(알코올 중독이나 포르노그래피 시청처럼), 실제로는 그러한 일을 행하는 사람들이 인식하는 것보다 훨씬 더 자기 자신과 다른 이들을 해치는 대응기제(coping mechanisms)이다(고후 12:20-21과 비교하라). 또한 하이에나들은 중독적인 우정, 비즈니스 관계, 혹은 데이트 관계의 형태로도 나타난다. 바울이 말했던 것처럼 사람들이 "믿지 않는 자와 멍에를 함께" 메게 될 때, 그들은 잘못된 길로 들어서기 쉽다(고후 6:14).

만약 사탄이 포악한 사자와 같다면, 하이에나는 연약한 자들을 노리고 이들이 회복할 수 있는 기회들을 최소화하는 악한 영들이자 사람들이다(벧전 5:8). 나는 사랑하는 마음을 가지고 강건한 동료들과 함께 그런 약한 자들을 에워싸고 이들에게 위험을 경고함으로써 영적 하이에나들을 막으려 했지만, 이런 나의 시도들은 성공적이지 못했다.

되돌아보면, 내 모든 실수의 이유는 분명했다. 나는 개인적인 문제들이 있었고 이들을 지도하기에 적합하지 않았던 것이다. 나는 지도자로서, 그리스도인으로서 성숙해야 했다. 그러나 나는 교만했고, 여전히 나 자신만의 믿음의 싸움을 해 나가고 있었으며, 반복되는 죄의 굴레에서 벗어나지 못하고 있었다. 나는 일찍이 이런 사실을 깨닫고 사역을 다른 사람에게 맡겼어야 했지만 나는 그렇게 할 수 있는 겸손함이 없었다. 고린도 교인들을 잘못된 길로 이끌었던 것 역시 동일하게 이런 겸손함의 부족 때문이었다(고전 5:2을 보라; 고후 10:5; 12:20을 비교해 보라).

하지만 사역자들이 때때로 한 사람을 위해 할 수 있는 일은 그에게 경고하는 것뿐이며, 만약 그 사람이 변화하기를 거부한다면 그래서 계속 해를 끼치고 있다면 그를 내보내는 것뿐이라는 사실을 깨닫는 것이 중요하다(예를 들면, 고전 5:1-5). 오늘날의 상황에서 나는 내가 가까이하고 나에게 영향을 주는 사람들을 극도로 주의한다. 나는 또한 개인 생활과 직장 생활에서 모든 일에 대해 책임을 다하고 있으며, 시시때때로 (일을 하든, 하지 않든) 내가 그 일을 지도하기에 적합한지를 확인한다. 궁극적으로 이 모든 것은 그리스도와 점점 가까워지고 당신의 관계와 당신이 이끌고 있는 사람들이 그리스도에게 더 집중하도록 만들기 위해 해야 하는 것은 무엇이든지 행하는 것으로 귀결된다. 이렇게 하는데도 당신은 여전히 실패할 것인가? 당신이 때로는 실패할 수도 있다고, 나는 분명히 생각한다. 그리고 나도 그러리라는 것을 안다. 그러나 실패에 반응하는 속도와 회복하는 데 걸리는 시간은 훨씬 더 빨라질 것도 또한 알고 있다.

아프리카의 풍경, 그리고 일하시는 하나님

우리는 종종 잘못된 결정을 내린다. 아무것도 알지 못하는 불투명한 상황에서 그 결정을 내리기 때문이다. 뒤늦은 깨달음은 단지 소 잃고 외양간 고치는 것일 뿐이다. 어떤 일들이 이미 진행되고 있을 때, 우리는 때늦은 후회를 해 보았자 아무런 소용이 없다. 선과 악은 분명하게 구분될 수 있다고 이야기하고 싶은 사람들이 많지만, 바울은 세상은 그것보다 훨씬 더 복잡하다는 것을 보여 준다. 사자는 가젤처럼 보일 수 있고, 하이에나는 얼룩말처럼 보일 수 있다.

이 모든 문제들은 아프리카 어느 초기 비행사의 딜레마를 생각나게 한다. 베릴 마컴(Beryl Markham)은 자신의 책 『이 밤과 서쪽으로』(*West with the Night*)에서, 비행기에서 코끼리를 찾으려고 시도했던 일을 이야기한다. 마컴은 사냥꾼들이 비행기에서 코끼리를 처음 발견했을 때, 코끼리들이 사방으로 어떻게 흩어지는지를 묘사한다. 코끼리들은 비행기가 사람이 만든 물건임을 알게 되고 나면 그렇게 흩어진다. 그런 다음 코끼리들은 사냥꾼들이 수컷의 상아를 볼 수 없게 무리 한가운데에 수컷들을 숨기기 시작한다. 결국, 코끼리들은 더 똑똑해져서 비행기가 지나갈 때까지 그들의 머리를 나무들 사이에 박는다. 당연히 마컴은 비행기를 착륙시켰지만, 나무들 사이에 머리를 숨긴 암컷 코끼리들만 있을 뿐이었다. 코끼리들은 자기 (그리고 무리) 보존을 위해 속이고 가장하는 방법을 알고 있는 것이다. 그렇다면 우리는 왜 사람들이 코끼리들처럼 그렇게 똑같이 하지 않을 것이라 생각할 정도로 무지할까? 그러나 코끼리들과는 달리, 포식자들은 숨기만 하지 않는다. 이들은 보이지 않는 곳에서 사냥한다.

이 책의 다른 부분에서 마컴은 어렸을 때 사자가 자신에게 몰래 다가와서 자기가 거의 죽을 뻔했던 이야기를 들려준다. 당신은 사자가 어디에서 나올지, 어떻게 숨어 있는지 결코 알지 못한다. 사탄도 똑같다. 베드로가 말한 것처럼, "너희 대적 마귀가 우는 사자같이 두루 다니며 삼킬 자를" 찾고 있다(벧전 5:8).

시간이 흘러, 마컴은 감각이 발달했다. 그녀는 자신이 방문하고 이동하는 각각의 풍경과 하나가 되었다. 그녀는 적응했던 것이다. 그녀는 비행기에서 진짜와 가짜를 구분하는 방법을 배웠다. 그녀는 본능대로 행동했고, 그렇게 하는 것이 종종 그녀의 생존으로 이어졌다.[4]

우리 각자는 높은 곳에서 형태만 볼 수 있을 때에도 사물을 있는 그대로 보는 법을 배워야 한다. 우리는 사자를 그 모습 그대로 인식해야만 한다. 우리는 또한 누군가가 신뢰할 만한 사람인지 그렇지 않은 사람인지를, 그 사람을 기독교 공동체로 다시 받아들일 수 있는 적절한 때가 언제인지를 분별해야만 한다.

> 우리는 용서해야 한다. 그러나 다른 사람들을 사랑한다는 것은 현명한 결정을 내리는 것을 의미한다는 사실 역시 알아야 한다.

앞서 이야기한 나의 그리마의 경우, 내가 속해 있는 기독교 공동체에 그가 받아들여질 수 있는가는 상상하기 어려운 일이다. 나는 내가 있는 곳에서는 그가 받아들여질 수 없도록 분명하게 조치를 취했다. 그러나 나의 신뢰를 저버리고 내게 상처를 주었지만 나중에는 회개한 친구들도 있다. 나는 그들을 내 삶에 다시 받아들였다. 단지 실수를 저질렀을 뿐, 이들은 믿을 만한 사람들이다.[5]

고린도후서에서 바울이 용서한 사람의 경우, 고린도 교회 공동체는 그를 시험하고 그를 공동체 안으로 다시 받아들일지를 결정했음이 분명하다. 우리는 각 상황에 따라 움직여야 한다. 하지만, 분별력을 가지고 그렇게 해야만 한다. 우리가 속한 공동체의 안녕을 위해 필요한 일을 행하는 데 두려워해서는 안 된다. 우리는 용서해야 한다. 그러나 다른 사람들을 사랑한다는 것은 현명한 결정을 내리는 것을 의미한다는 사실 역시 알아야 한다. 때때로 사람을 사랑하는 것은, 우리가 속한 교회 안에서, 알면서도 어둠을 품고 있는 누군가와의 관계를 끊는 것을 의미한다.

| 읽어 볼 글들 |

- 고린도후서 2:9-11
- 고린도전서 5:1-12
- 베드로전서 5:8-11

| 생각해 볼 질문 |

01 과거에 끝내지 못해서 미래에 불필요한 고통을 초래한 관계는 무엇인가?

02 당신은 분별하기 위해 어떤 전략을 세울 수 있는가?

6장

당신은 진정 누구를 위해 일하는가?

고린도후서 4:1-6:13

예수님은 우리가 하나님의 목적을 위해 하나님의 형상대로 살아가는 백성으로서 온전한 삶을 사는 법을 깨닫기를 원하신다. 우리가 행하는 모든 일은 우리에게 참된 삶을 사는 법을 가르쳐 주고 계시는 살아 계신 하나님의 목적을 위한 것이어야 한다.

하지만, 이러한 일이 늘 그냥 일어나는 것은 아니다. 우리는 우리의 삶을 나누고 구획화한다.[1] 우리는 교회에서의 삶과 직장에서의 삶과 집에서의 삶을 각각 분리시킨다. 사실, 하나님은 우리 삶의 모든 부분에서 일하시길 원하신다. 하나님은 이곳에 있을 때의 우리 존재와 저곳에 있을 때의 우리 존재를

> 하나님은 우리 삶의 모든 부분에서 일하시길 원하신다. 하나님은 이곳에 있을 때의 우리 존재와 저곳에 있을 때의 우리 존재를 구분하지 않으신다.

구분하지 않으신다. 하나님은 우리가 어디에 있든지, 모든 상황 속에서 그분을 위해 진실한 모습으로 살길 원하신다.

진리가 참된 변화를 가져온다

진리는 우리의 삶을 개방하도록 이끈다. 진리는 하나님의 실재에 다다르게 한다. 바울은 하나님께서 그에게 큰 긍휼을 베푸셨기 때문에, 낙심하거나 하나님의 말씀을 혼잡하게 하지 않는다고 고린도 교인들에게 이야기한다(고후 4:1-2). 그 대신에, 바울은 투명함으로 자신의 사역을 일구어 나간다(고후 4:3). 따라서 만약 고린도 교인들이 바울에게서 분명한 것을 찾고자 한다면, 바울이 불분명해 보일 때마다 오히려 그것은 악한 영(이 세상의 신 곧 사탄)의 역사로 인해 자신들의 눈이 가려졌기 때문이라는 사실을 깨달아야만 했다.[2] 바울의 사역은 온전히 그리스도의 사역을 중심에 두고 있었기 때문에, 바울이 불분명해 보이는 것은 그의 말 때문이 아니라 그의 말을 받아들이는 사람에게 문제가 있었기 때문이다. 어떤 이들은 바울이 말하는 진리에 대해 눈이 가려져 있었던 것이다.

바울이 "이 세상의 신"이라고 말했던 것이 의미하는 바는 사탄이 이 세대가 사는 세상을 지배한다는 뜻이 아니라, 종종 하나님보다 이 세대의 우선순위가 사람들의 삶을 지배한다는 의미였다.

사탄은 우리가 숭배하는 것이 물질적인 우상이든 돈이든 상관하지 않고 우상 숭배를 통해서 우리를 통제하고 조종할 수 있다. 이러한 우상 숭배는 우리가 하나님의 진리를 볼 수 없게 만든다. 고린도 교인들이 고린도의 더 큰 문화적 관습들을 받아들일 때, 예를 들어 우상 숭배나 거짓 사도들이 자랑하듯 내세우는 매력에 권위를 부여할 때, 이들은 진리를 보지 못했다. 그리고 진리를 보지 못하기에 이들은 바울이 어떤 사람인지도 보지 못했던 것이다.

이러한 사실은 고린도후서 안에 있는 바울의 전체적인 요점으로 되돌아간다. 사탄은 우리의 눈을 가리려고 하며, 이를 위해 필요하다면 모든 수단과 방법을 가리지 않고 동원할 것이라는 사실이다. 우리는 사탄의 지배를 받는 것이 아니라 예수님의 통치 곧 예수님의 복음의 빛 가운데서 살아야 한다. 우리는 그리스도 안에 끊임없이 거하도록 필요한 것은 무엇이든 해야만 한다. 하지만 이러한 노력은 복음을 전하는 일과 균형을 맞추어야만 한다. 우리는 이 세상 속에서 살아가야만 한다. 하지만 우리는 이 세상에 속하지 않는다(요 17:14-16). 우리는 (바울처럼) 예수님의 대사로서 예수님을 위해 살면서 복음을 널리 전하고, 우리가 속한 공동체와 세계에 하나님의 밝은 빛을 비추어야 한다. 이것이 우리가 어둠을 물리치고 사람들이 이 세대의 신에 맞서 승리하도록 돕는 방법이다.

하나님의 영광이자 하나님의 형상은 바로 그리스도이시다. 그리고 우리를 하나님의 빛이 가지고 있는 다채로움과 아름다움으로 인도하실 이도 바로 그리스도다. 만약 우리가 그리스도 외에 다른 어떤 것에 안주해 버린다면, 우리는 단지 맹인으로 살아가는 것에 다름 아니다(고후 4:4). 바울이 "우리는 우리를 전파하는 것이 아니라 오직 그리스도 예수의 주 되신 것과 또 예수님을 위하여 우리가 너희의 종 된 것을 전파함이라"(고후 4:5)라고 말할 수 있었던 것은 바로 이러한 일에 대한 안타까움 때문이었다. 예수님 대신에 우리 자신을 높이려 할 때마다, 우리는 하나님이 의도하신 목적을 보지 못할 것이다. 만약 우리의 일이나 삶에 있어 어떤 것이 하나님을 대신한다면, 우리는 그리스도의 다스림에서 벗어나고 있는 것이다. 우리는 예수님의 능력을 통해서 하나님의 형상을 가지게 된 하나님의 종들에 불과하다. 그 이상도 그 이하도 아니다. 하나님은 우리 삶 속에 빛을 비추신다. 그래서 이 세상은 아름답게 변화되고, 죄와 어둠은 하나님이 그것들을 정복하실 때, 멀리 옮겨질 것이다.

> 어두운 데에 빛이 비치라 말씀하셨던 그 하나님께서 예수 그리스도의 얼굴에 있는 하나님의 영광을 아는 빛을 우리 마음에 비추셨느니라 우리가 이 보배를 질그릇에 가졌으니 이는 심히 큰 능력은 하나님께 있고 우리에게 있지 아니함을 알게 하려 함이라(고후 4:6-7)

> 우리가 한 영역을 다스리고 그 나머지 영역들만 그리스도께서 다스리시길 기대할 수 없다. 그리스도가 모든 것을 소유하셔야 한다.

우리가 가져야 할, 그리고 받아들여야 할 가치가 있는 유일한 깨달음은 하나님 안에 있다. 바울이 생각하기에 우리 삶의 여러 부분들은 분리되지 않았다. 하나님은 우리 삶 전부를 원하신다. 우리가 한 영역을 다스리고 그 나머지 영역들만 그리스도께서 다스리시길 기대할 수 없다. 그리스도가 모든 것을 소유하셔야 한다. 그것만이 참된 변화를 가져올 수 있는 유일한 길이며, 구원의 경이로움을 지금 이곳으로 가져오는 유일한 길이다.

하나님의 형상
고린도후서 4:4에서 바울은 예수님을 "하나님의 형상"으로 언급한다(다시 골로새서 1:15에서도 언급한다. 빌립보서 2:6과 비교해 보라). 또한 같은 표현이 창세기 1:26-27; 5:1-3; 9:6에도 있다.

복음이 요구하는 것

복음은 우리가 가진 모든 것을 요구할 것이다. 당신은 예수님을 위해 기꺼이 고난 받지 않고서 바울처럼 능력을 가지게 되길 바랄 수는 없다(고후 4:8-9). 우리는 "항상 예수의 죽음을 몸에 … 예수님의 생명이 또한 우리 몸에 나타나게"(고후 4:10) 해야만 한다. 큰 대가를 치르면서까지 그리스도의 구원을 지켜 나갈 때, 우리는 다른 사람들에게 예수님이 진정 누구이신지를 보여 주게 된다. 더 나아가, 하나님께 우리를 그분의 형상을 따라 살아가는 사람으로 빚으실 수 있도록 기회를 드리는 것이 된다(고후 4:11-13). 그러나 우리는 이 일에 있어 혼자가 아니다. 우리는 부활하신 예수님, 곧 그분과 함께 우리를 다시 살리실 예수님을 섬기는 것이다(고후 4:14).

우리가 하나님의 형상을 반영할 때, 우리는 우리를 위해 죽으시고 다시 살아나신 고난 받는 종의 모습을 취한다(사 53:10-12). 우리의 작은 죽음 하나하나를 통해 우리가 그리스도 안에 있는 생명을 발견한다는 것을 알기에, 우리는 다른 사람들을 위해 기꺼이 고난 받고 죽임당하신 예수님을 닮아 가기 시작한다. 이 과정 가운데서 우리는 세상에서 참된 능력은 약한 것처럼 보여도 살아 계신 하나님 안에서 그것이 강함이라는 것을 깨닫는다. 우리는 바울처럼 "온유한 자는 복이 있나니 그들이 땅을 기업으로 받을 것임이요"라는 생각을 받아들이기 시작한다. 우리가 남을 위해 고난 받을 때, 우리는 그것이 복음을 위해 유익한 것임을 알게 된다. 우리는 우리가 섬기는 그리스도가 승리하신 분이라는 사실을 알고 있다. 그러므로 우리가 가는 길에 어떤 고난과 역경이 닥쳐오더라도, 하나님께서 이 모든 것을 물리치시고 승리하실 것 또한 알고 있다.

> 우리의 작은 죽음 하나하나를 통해 우리는 그리스도 안에 있는 생명을 발견한다. 이 과정 가운데서 우리는 세상에서 참된 능력은 약한 것처럼 보여도 살아 계신 하나님 안에서 그것이 강함이라는 것을 깨닫는다.

우리가 가진 모든 것을 요구하는 복음 전체가 말하는 이야기를 받아들이지 않는다는 것은 애석한 일이다. 왜냐하면 지금까지 어떤 위대한 이야기도 시련을 통과하지 않은 채로 기록된 적은 없었기 때문이다. 어떤 위대한 성품이 극한의 시련을 겪지 않은 채로 만들어진 적도 없다. 이것은 그리스도인들에게도 동일하게 적용된다.[3] 고난 없이 우리는 마땅히 되어야 할 존재로 빚어질 수 없다(고후 4:15-17). 하나님이 그분의 영원한 능력과 소망을 우리 안에서 이루시는 방법은 시련을 통해서다. 그리고 우리가 진정 누구인지를 발견하게 됨 역시 시련을 통해서다. 우리가 가진 겉모습이 고난으로 인해 낡아질 때, 우리는 그 안에 있는 속사람을 보게 될 것이다. 여기서 우리는 우리 삶이 참으로 온전하게 하나님에게 드려졌는지를 확인하게 된다. 우리는 그리스도의 능력을 통해 영원한 것이 승리함에 따라 잠깐 있을 것은 사라지는 것을 보게 된다(고후 4:18).

인간 됨 안에서의 싸움

우리는 이와 같은 삶이 의무와 일, 그리고 지금의 모습보다 더 나은 사람이 되고자 하는 끊임없는 노력으로 얼룩진 싸움이라는 것을 알 수 있다. 바울은 우리가 지금 "땅에 있는 우리의 장막 집"에서 살고 있기 때문에 삶의 긴장을 느끼고 있지만, "하늘로부터 오는" 우리의 처소로 덧입기를 갈망하고 있다고 이야기한다(고후 5:1-2). 변화될 날이 올 때까지, 우리는 인간 됨의 한계와 씨름해야 한다. 우리는 잠시 있다가 지나갈 것을 열망하는 이 세상에 대한 정욕이 우리를 지배하도록 내버려 둘 것인가? 우리는 "이 세상의 신"이 우리 삶을 지배하게 내버려 둘 것인가? 아니면, 하나님과 늘 함께 거처할 곳이 있는 영원한 곳을 구하겠는가? 우리는 하나님 나라 안에서 참사람이 된다는 것의 의미를 기꺼이 받아들일 것인가, 아니면 사탄의 왕국이 우리에게 알려 주는 인간성에 대한 서글픈 정의를 좇을 것인가?

바울은 우리가 살고 있는 잠시 있다가 사라질 장막에 대해 이야기할 때, 이런 장막의 은유를 잘 이해하는 사람처럼 말한다. 왜냐하면 장막을 만드는 일은 그가 고린도에 거주하는 동안 가졌던 직업이기 때문이다(행 18:1-3). 바울은 노동 그 자체가 하나님의 현존으로 완전히 스며들어야 한다는 것을 알고 있었다. 바울은 고린도에 있는 동안 물질적 필요를 채우기 위해 교회에 의존하기를 거부하면서, 자신의 메시지가 순수하고 자신의 동기가 명확해지도록 직접 노동을 했다(고후 11:7-9; 고전 4:11-13).

바울은 우리가 장차 올 것 곧 성령을 보증으로 이미 가지고 있음을 말한다(고후 5:5). 우리의 장막 안에 하나님이 거하고 계시며, 그분은 우리가 앞으로 가야 할 길을 보여 주신다. 성령은 우리에게 더 나은 것에 대한 약속을 주신다. 그것은 우리가 이 장막을 떠나 우리가 사랑하는 하나님과 함께하는 것이다(고후 5:6-8). 하지만 이것은 우리가 여기 지금 살고 있는 장막을 함부로 대해야 한다는 의미가 아니다. 그 대신, 우리가 행하는 모든 일에 있어 하나님을 기쁘시게 함을 목적으로 해야 한다(고후 5:9; 고후 6:16과 비교해 보라). 우리가 현재 하나님을 위해 사는 것, 그분과의 관계 속에서 행하는 것은 바로 성령을 통해서다. 하나님의 정의 곧 그분의 심판은 모든 사람에게 찾아온다(고후 5:10). 우리 모두는 하나님 앞에서 책임 있게 응답해야 할 것이다. 그렇다면 질문은 이것이다. 이런 현실성에 비추어 볼 때, 우리는 무엇을 할 것인가? 우리는 하나님을 위해 살 것인가, 아니면 여기 이 땅에서 우리가 가지고 있는 아름다운 생명의 선물을 스스로 저버릴 것인가?

당신은 하나님을 두려워하는가?

하나님의 심판이 임한다는 생각은 "주의 두려우심"(고후 5:11)에 대한 바울의 이야기로 이어진다. 우리 중 누구도 심판이 실제로 있다는 것 곧 예수님을 알고 또 믿어 영원한 생명에 이른다는 것과 예수님을 부인하면 죽음에 처한다는 사실에 대해 이야기하고 싶어 하지 않는다. 우리는 하나님을 두려워한다. 왜냐하면 우리는 그분이 우리에게 많은 것을 기대한다는 사실을 알기 때문이다. 그와 동시에 우리는 주님의 능력을 받아들임으로써만 그분의 일을 할 수 있음을 깨닫는다. 하나님을 두려워한다는 것은 우두커니 서서 그분이 원하는 것이 무엇인지를 마냥 궁금해하거나 그분을 기쁘게 하기 위한 어떤 체크 리스트를 완성하려고 애쓰는 것이 아니다. 그 대신 우리는 하나님의 은혜에 놀라워하면서 하나님이 베푸신 구원을 받아들인 다음, 이 은혜에 대한 감사함 속에서 성령의 뜻을 따라 행한다.

바울은 마지막을 마음에 품고 모든 일을 온전하게 행했고, 우리 역시 바울처럼 행동해야 한다(고후 5:11). 우리의 최종적인 목표, 즉 예수님의 사역에 초점을 맞추고 예수님의 뜻을 따라 그분의 능력 안에서 행한다는 그 목표야말로 우리가 자랑할 수 있는 유일한 것이 되어야 한다(고후 5:12). 우리 중 많은 사람이 자기 삶과 운명을 통제하고자 하는 궁극의 자율성을 갖기를 원한다. 우리는 부와 직업을 통해 그러한 통제권을 추구한다. 그러나 바울은 그런 자율성이 결코 마지막 목표가 아님을 보여 준다. 마지막 목표는 하나님께 완전한 통제권을 내드려 그분의 형상대로 사는 것이 무엇인지를 배울 수 있는 것이다.

그리스도의 사랑이 우리를 강권하시는도다 우리가 생각하건대 한 사람이 모든 사람을 대신하여 죽었은즉 모든 사람이 죽은 것이라 그가 모든 사람을 대신하여 죽으심은 살아 있는 자들로 하여금 다시는 그들 자신을 위하여 살지 않고 오직 그들을 대신하여 죽었다가 다시 살아나신 이를 위하여 살게 하려 함이라(고후 5:14-15; 고후 5:13과 비교해 보라.)

이러한 결론은 모든 것을 전적으로 변화시킨다. 그리스도의 죽으심과 부활하심으로 인해 바울은 더 이상 어느 누구도 육체대로, 인간적 기준이나 성취할 수 있는 것에 따라[4] 판단하지(혹은 평가하지) 않는다. 그러나 그 대신에 바울은 사람들 안에서 역사하는 성령의 일하심에 따라서 사람들을 판단한다(고후 5:16). 바울은 이러한 사실을 다음과 같은 말로 설명한다. "누구든지 그리스도 안에 있으면, 그는 새로운 피조물입니다."(고후 5:17).[5] 예수님의 현실성은 매우 근본적으로 우리의 현실성을 바꾸어 우리는 예수님 안에서, 그리고 예수님을 통해서 새로운 피조물이 된다. 예수님이 가져다주시는 결과는 새로운 창조다. 이 얼마나 아름다운 일인가.

나는 예수님 없이 어떤 가치 있는 일도 성취할 수 없다. 심지어 나는 예수님 없이는 제대로 말조차 할 수 없을 것이다. 나는 여덟 살 때까지 심각한 언어 장애가 있었다. 그러나 내 인생의 어느 시점에서 이것이 사라져 버렸다. 내가 직업을 통해 성과들을 쌓으면서, 내 대학교 시절의 겸손함은(그리고 그에 수반되었던 공황 발작도) 사라지고 교만함이 그 자리를 대신하게 되었다. 교만은 내가 어떤 존재인지 아는 데서 오는 불안감의 실체를 감추었다. 아무리 많은 성취를 해내어도, 난 여전히 내 자신을 지키고 스스로를 증명해야 할 필요를 느꼈다. 나는 나와 관련된 모든 일에서 인정받아야 한다고 생각했다. 그러나 예수님은 이 모든 것을 행하신 분이셨다. 그분이야말로 정당하게 인정받을 자격이 있는 유일한 분이셨다. 어찌되었든 그게 그분의 최종적인 목표에 관한 것이 아니라면 무슨 상관이 있겠는가?

> 예수님의 현실성은 매우 근본적으로 우리의 현실성을 바꾸어 우리는 예수님 안에서, 그리고 예수님을 통해서 새로운 피조물이 된다. 예수님이 가져다주시는 결과는 새로운 창조다. 이 얼마나 아름다운 일인가.

사실 내 마음 가운데는 내가 끊어 내야만 했던 어둠이 있었다. 그 어둠을 끊어 낼 수 있는 유일한 방법은 내 주위에 있는 모든 이들에게 투명해지고, 그들에게 나의 교만함에 대해 사과하며, 앞으로 나에게 그에 대한 책임을 물을 것을 요청하는 것이었다. 그래서 난 그렇게 했다. 그것은 고통스러운 일이었으며, 때때로 나의 진심 어린 사과는 잘 받아들여지지 않았다. 그러나 그럼에도 불구하고 예수님은 그것을 사용하셨고, 내가 조금씩 그리스도께서 다시 내 안에서 일하시도록 내드리면서, 나는 다시 한 번 그분을 신뢰하기 시작했다. 나는 내가 쌓아올린 것들로 만들어 놓은 영역들을 나의 남은 생에서 모두 잿더미로 만들어 버리고, 그 대신에 부활하신 예수님의 생명을 받아들였다. 그리고 그것은 나를 자유롭게 했다. 순식간에 나는 하나님께서 뜻하신 그런 존재가 될 수 있었다.

바울은 예수님을 참되게 믿는 사람 안에서 일어나는 이런 변화를 다음과 같이 요약한다. "옛것은 지나갔습니다. 보십시오, 새것이 되었습니다."(고후 5:17).[6] 이 모든 것은 예수님께서 우리와 아버지 하나님의 화해를 가능하게 만들었기 때문에 일어난 일이다(고후 5:18). 바울처럼 이와 같은 화해 곧 다른 이들도 예수님을 위해 온전히 살도록 그들에게 요청하는 것이 우리가 담당한 일이다(고후 5:20). 바울은 다음과 같이 말하면서 예수님의 메시지를 멋지고 훌륭하게 설명한다.

> 곧 하나님께서 그리스도 안에 계시사 세상을 자기와 화목하게 하시며 그들의 죄를 그들에게 돌리지 아니하시고 … 그리스도를 대신하여 간청하노니 너희는 하나님과 화목하라 하나님이 죄를 알지도 못하신 이를 우리를 대신하여 죄로 삼으신 것은 우리로 하여금 그 안에서 하나님의 의가 되게 하려 하심이라(고후 5:19, 21)

그리스도를 위한 대사로 일하다

그리스도의 "대사들"로서 우리는 이 메시지를 모든 곳에서 선포하고, 담대하고 진실하게 말하는 사람들이 되어야 한다(고후 5:20). 우리는 바울처럼 우리가 만나는 모든 사람에게 "하나님의 은혜를 헛되이 받지 말라"라고 촉구하며, "그리스도를 대신하여 간청하노니 너희는 하나님과 화목하라"라고 말해야 한다(고후 5:20; 6:1). 이것은 단순히 예수님께서 우리를 위해 큰일을 이루셨다는 것뿐만 아니라, 이러한 현실성이 모든 것을 변화시킨 것처럼 행동함으로써 그렇게 반응해야 함을 말한다. 왜냐하면 현실이 그렇기 때문이다.

매일 우리의 행동은 우리가 진정으로 누구를 위해 일하고 있는지를 보여 준다. 우리는 살아 계신 하나님을 위해 일하고 있는가? 아니면 사탄의 영역에 속한 것처럼 살고 있는가? 바울은 이 세상의 일을 받아들이지 않았다. 그 대신에 하나님의 일하심이 자신 안에서 참으로 실재하고 있음을 보여 주기 위해 예수님을 대신하여 자신이 겪는 모든 어려움을 강조했다. 바울은 이 세상의 성공을 구하려 일하지 않고 하나님 나라의 목적을 위해서 일했다(고후 6:3-10). 이 모든 일의 결과로 바울은 고린도 교인들에게 다시 한 번 예수님과 진정한 관계를 맺는 일에 마음을 열라고 요청한다(고후 6:11-13). 바울의 마음은 이 관계를 향해 활짝 열려 있었다. 그러

> 하나님은 우리의 실제 모습을 아시고 우리를 대면하고 계신다. 그러나 우리는 그분과 그분의 방식에 순복하지 않는다. 우리는 우리 스스로가 이전의 오랜 습관들과 어둠에 빠져들게 놔둔다.

나 고린도 교인들은 아직 그럴 준비가 되어 있지 않음이 바울에게는 분명해 보였다. 동일한 일이 우리 중 많은 사람에게 일어나고 있지 않은가? 하나님은 우리의 실제 모습 곧 우리의 교만함과 불안함과 우울함을 아시고, 또 우리 삶에 아직 허물어지지 않고 남아 있는 죄의 벽을 이미 아시고 우리를 대면하고 계신다. 그러나 우리는 그분과 그분의 방식에 순복하지 않는다. 우리는 그렇게 우리 스스로가 이전의 오랜 습관들과 어둠에 빠져들게 놔둔다.

그 어둠은 우리가 단지 마음을 열기만 한다면 생명의 빛이신 예수님의 일하심으로 물리칠 수 있다.

| 읽어 볼 글들 |

- 고린도후서 4:1-6:13
- 베드로전서 5:1-11

| 생각해 볼 질문 |

01 당신의 삶에서 여전히 "이 세상의 신"이 지배하고 있는 영역은 어디인가? 이러한 영역을 그리스도의 다스리심에 넘겨 드리기 위해 당신은 무엇을 할 수 있는가?

02 다른 사람들이 그리스도를 삶의 중심에 두도록 돕기 위해, 그리고 이들이 그리스도의 능력 안에서 자유를 얻을 수 있도록, 당신이 할 수 있는 구체적인 일들은 무엇인가?

7장

기쁨과 근심, 그리고 화해

고린도후서 7:2-16

우리가 그리스도의 다스리심 안에서 살아갈 때 자연스럽게 찾아오는 결과는 그분의 세계를 기뻐하는 것이다. 우리가 예수님의 다스리심 곧 그분의 삶의 방식에 헌신할 때, 우리는 모든 것이 가능함을 보게 된다. 그리고 우리는 예수님의 빛이 어둠을 어떻게 바꾸어 놓는지를 이해하게 된다.[1] 무지개의 빛깔처럼 그분의 빛의 스펙트럼이 우리가 사는 세계 안에서도 작동한다. 일단 우리가 하나님의 일하심의 가능성을 알게 되면, 우리가 사는 세상이 더 나은 곳으로 바뀔 수 있음을 깨닫게 된다. 우리가 자연스럽게 추구하는 바는 이 세계를 더 나은 곳으로 만드는 것 즉 그리스도를 대신해서 행하는 것이어야 한다. 이러한 일은 가장 먼저 우리 안에서 시작한다. 우리 안에 있는 영이 하나님의 형상을 더욱 닮아 가도록 변화하면서, 우리 육체의 행위도 변하는 것이다. 바울은 고린도후서 7장을 쓸 때, 이러한 생각을 염두에 두고 있었다.

마음으로 영접하는 것

바울은 해로운 관계를 포함해서 하나님의 일하심을 망치는 모든 것으로부터 우리가 분리되어야 한다고 생각하며 이렇게 말했다. "마음으로 우리를 영접하라 … 내가 이전에 말하였거니와 너희가 우리 마음에 있어 함께 죽고 함께 살게 하고자 함이라"(고후 7:2-3). 여기서 우리는 바울이 고린도 교인들과의 관계에서 생긴 모든 어려움에도 불구하고, 여전히 이들을 자랑스럽게 생각하고 있음을 알 수 있다(고후 7:4). 바울은 자신이 세운 교회를 향한 깊은 애정을 가진 훌륭한 목회자였다. 이런 애정이 바울로 하여금 이들을 자랑스럽게 여기도록 만들었다. 이것은 마치 아버지가 자신의 유업을 계속 이어 가는 자녀들에 대해 자랑스러워하는 것과 마찬가지다. 또한, 바울은 고린도 교인들에게 아버지와 같아서, 이들이 지금 하고 있는 것보다 더 많은 것을 할 수 있고 그 이상이 될 수 있다고 생각했다.

바울은 선교사로서 자신이 받는 고난 가운데서도 기뻐할 수 있었지만, 여전히 고린도 교회 공동체의 지지를 받기 원했다(고후 7:4). 그리고 우리는 바울이 진정 그러했음을 엿볼 수 있다. 마게도냐에서 사역할 수 있는 문(그곳에서 예수님의 복음을 전하는 것)이 그에게 열렸을 수 있다. 그러나 이것은 여전히 어려운 일이었다. 바울은 "밖으로는 다툼" 그리고 "안으로는 두려움"을 경험하고 있었다(고후 7:5). 하지만 하나님은 언제나 그를 구해 주셨다. 마찬가지로, 하나님은 우리가 필요로 하는 것을 정확하게, 제때에 공급해 주신다. 바울에게는 그 도우심이 바로 자신과 디모데에게 합류한 디도였다(고후 7:6).[2]

역사를 통해서 보면 이런 놀라운 일이 일어났음을 상상하기란 쉽지 않다. 우리는 마게도냐에서 바울이 가장 많은 공을 기울였던 두 사람(디모데와 디도)과 함께 모여 사역하고 있음을 본다. 이들은 하나님 나라를 위한 최강의 팀이었다. 또한 우리는 바울이 자신이 지도했던 사람들과 함께 얼마나 많은 사역을 함께하고 있었는지를 확인할 수 있다. 바울은 디도가 고린도 교인들이 "사모함과 애통함과 나[바울]를 위하여 열심 있는 것"을 자신에게 보고한 일이 자신을 얼마나 "더욱 기쁘게" 했는지를 말한다(고후 7:7). 여기서 우리는 바울이 고린도후서를 기록할 때쯤에는 바울과 고린도 교인들이 서로 마음을 같이하기 시작했지만, 여전히 해결해야 할 중요한 사안들이 남아 있었음을 알게 된다.

그럴 만한 가치가 있는 근심

우리가 맺는 관계에 있어 복잡한 일들은 종종 가장 해결하기 힘들어 보이는 일들이기도 하다. 때때로, "화평을 유지"하기 위해서 이런 복잡한 것들을 무시하는 것이 더 편해 보인다. 그러나 예수님은 이렇게 말씀하셨다. "화평하게 하는 자는 복이 있나니"(Blessed are the peacemakers, 마 5:9). 여기서 예수님이 "화평을 유지하는 자는 복이 있나니"(Blessed are the peacekeepers)라고 말씀하시지 않았다는 것을 주의하라. 화평하게 하는 것은 행동을 필요로 하며, 때때로 그 행동들은 매우 고통스럽다. 이러한 행동들은 상당히 어려운 결정을 요구하기도 한다. 바울에게 이러한 결정이란 바로 고린도 교인들에게 그의 근심이 담긴 편지를 보내는 것이었다. 우리는 바울이 그렇게 하고 나서 가지게 되었을 그 모든 염려를 상상할 수 있을 뿐이다. 하지만 궁극적으로 바울은 그 편지를 보내라는 부르심을 느꼈는데, 왜냐하면 그 편지는 화평하게 하려는 편지였기 때문이다. 하나님의 뜻이라는 굳건한 토대 위에 세워진 예수님 방식의 평화만이 유일한 가치가 있는 것이다. 바울은 이렇게 말한다.

> 그러므로 내가 편지로 너희를 근심하게 한 것을 후회하였으나 지금은 후회하지 아니함은 그 편지가 너희로 잠시만 근심하게 한 줄

을 잃이라 내가 지금 기뻐함은 너희로 근심하게 한 까닭이 아니요 도리어 너희가 근심함으로 회개함에 이른 까닭이라 너희가 하나님의 뜻대로 근심하게 된 것은 우리에게서 아무 해도 받지 않게 하려 함이라 하나님의 뜻대로 하는 근심은 후회할 것이 없는 구원에 이르게 하는 회개를 이루는 것이요 세상 근심은 사망을 이루는 것이니라(고후 7:8-10)

모든 근심이 나쁜 것은 아니다. 우리 마음과 행동에 진정한 변화를 가져오는 하나님으로부터 오는 근심은 분명 가치가 있다. 그것은 변화로 이끄는 일시적인 근심이다. 그리고 그것은 어둠을 끊어 내고 그 대신에 예수님과 함께 빛 가운데로 걷는 것을 의미한다.

바울이 보낸 편지로 인해 고린도 교인들이 겪은 변화를 보며, 바울은 그들이 깨끗해졌다고 보았다. 마치 예수님이 그들을 그렇게 여기시는 것처럼 말이다(고후 7:11). 바울이 한 말은 고린도 교인들이 잘못을 하지 않았다는 뜻이 아니다. 사실 그들은 정말로 잘못을 저질렀다. 그 대신 바울은 그리스도 앞에서, 그리고 바울 자신 앞에서 이들이 어떤 모습인지를 알고 있었다. 그것은 회개하고 이전의 죄에서 벗어난 사람의 모습이었다(고후 7:11-12). 다시 말해, 우리를 죄로부터 벗어나게 하는 것은 시간이 아니라 하나님의 사랑이다. 회개한 사람들에게 있어 그들의 죄는 동이 서에서 먼 것같이 무한하게 그들로부터 떨어져 있다(시 103:12).

> 죄로부터 벗어난 삶이 가져다주는 자연스러운 결과는 환대와 사랑이다.

죄로부터 벗어난 삶이 가져다주는 자연스러운 결과는 환대와 사랑이다. 이러한 일은 우리 자신과 다른 이들 사이에 놓인 상호적인 연결을 보게 해 준다. 우리 모두는 하나님의 사랑과 그분의 아들 예수 그리스도의 구원을 간절히 필요로 하는 사람들이다. 이것이야말로 정확히 디도가 고린도 교인들을 방문했을 때 고린도 교인들이 보인 반응이다. 이들은 디도의 마음에 "안심함"(refreshed)을 주었다(고후 7:13-16). 바울의 책망에 대한 고린도 교인들의 반응은 매우 경건해서 바울은 이렇게 말했다. "내가 범사에 너희를 신뢰하게 된 것을 기뻐하노라"(고후 7:16).

이제 우리는 이 점이 궁금할 것이다. "그러면 바울은 지금 무엇에 대해 쓰고 있을까? 모든 것이 잘된 것처럼 보이는데." 하지만 다시 말해서, 이것이야말로 바울이 우리에게 그의 진심을 보여 주는 지점이다. 바울은 고린도 교인들 안에서 일어난 한 가지 변화로 인해 기뻐하는 동시에 여전히 고린도 교인들에게 더 많은 것을 기대할 수 있었다. 그리고 이것은 우리 각 사람이 다른 이들을 예수님께로 더 가까이 인도하고자 할 때 가져야 하는 마음이다. 우리는 그들의 삶이 하나님이 기대하시는 것과 일치할 때 크게 기뻐해야 하지만 또한 그들이 이보다 더 많은 것을 할 수 있음을 알아야 한다.

허상을 좇는 것과 화평하게 하는 것

우리는 좋지 않은 관계를 정리하는 과정에 있을 때, 다른 이들 안에 있는 선함을 볼 수 있어야 한다. 만약 우리가 상대방이 고쳐야 할 것만을 찾는다면, 화평을 이룰 수 없다.

고린도 교인들에게 전한 자상한 말들 속에서 바울은 하나님의 빛을 바라볼 수 있는 수많은 방법들이 있음을 우리에게 보여 준다. 고린도 교인들은, 혹은 최소한 고린도 교인들 중 일부는, 하나님의 빛으로부터 멀리 떨어져서 사탄의 영역 안으로 들어가기 직전에 있었다. 그와 동시에, 바울은 그리스도가 그들 안에서 행하고 계신 아름다운 일이 있음을 확신했다. 바울은 고린도 교인들 가운데 역사하는 하나님의 아름다운 빛깔들을 보았다. 그는 고린도 교인들 안에 계신 하나님을 의식하고 그 안에서 어떤 접촉점을 찾았다.

나는 그리스도인인 우리 모두가 과거에 다른 그리스도인들과, 그리고 심지어는 우리가 대하기 껄끄러워하는 사람들과도 이러한 접촉점이 있음을 느껴 본 적이 있다고 장담할 수 있다. 이 접촉점은 낯선 사람과 함께 무지개를 보는 것과 약간 비슷하다. 당신과 그 사람 둘 다 무지개에 대해 감탄하면서, 서로가 그토록 다른 사람들인데 어떻게 이 우주적 사건에 대해 당신이 그러한 것처럼 상대 역시 같은 것을 느끼는지 궁금할 것이다. 무엇보다, 다음 노래 가사가 이것을 잘 요약했다.

반쯤 잠이 들었니?
목소리를 들었니?
난 내 이름을 부르는 목소리를 들었어.
이게 젊은 선원들을 부르는 달콤한 그 목소리였을까?
아마 똑같은 목소리였을 거야.
난 이 목소리를 그냥 지나칠 수 없을 만큼 많이 들었어,
그게 바로 내가 해야 할 일인 것처럼.
어느 날 우리는 찾게 되겠지,
무지개의 연결 고리를,
연인들, 꿈꾸는 자들, 그리고 나.[3]

그리고 어느 시점에서 이 노래 가사는 이렇게 말한다. "우리 모두는 주문에 걸렸고, 그것은 아마도 마법일 것이라고 알고 있어." 이것이 바로 예수님을 믿는 것, 그리고 그 믿음이 우리 사이에 만들어 낸 연결 고리와 같다. 그 연결 고리는 우리가 앞으로 나아가도록 밀어 준다. 그것은 마치 마법과 같이 느껴진다. 그것은 마치

바다가 선원을 부르는 것처럼, 하나님이 우리를 부르시는 부드러운 목소리다.

우리가 다른 이들과 화평을 이룰 때, 우리는 우리와 그들 사이에 연결된 "무지개 고리"(rainbow connection)를 볼 수 있어야 한다. 믿는 자들에 대해서 우리는 그들 안에서 일하시는 하나님의 형상을 볼 수 있어야 하고, 이들이 한때 스스로가 이끌어 갔던 혹은 사탄이 이끌도록 허용했던 삶의 한 자리에서 하나님의 형상이 이루어질 때 우리는 함께 축하해 주어야 한다. 아직 예수님을 알지 못한 사람들에 대해서 우리는 하나님의 형상이 그들의 삶을 빚어 갈 가능성을 보아야 한다. 우리는 그들의 삶 속에서 하나님으로부터 온 아름다운 일들을 의식해야 한다. 심지어 그들 스스로는 이러한 일들을 인식하지 않아도 말이다. 그리고 우리는 이들이 선하고 진실하고 경이로운 모든 것, 곧 하나님의 뜻을 향해서 나아가도록 도전해 주어야 한다. 우리는 이 세상 속에서 하나님의 아름다운 그 빛깔들을 보고 그것을 인정해 주어야 한다.

하나님의 일은 인도의 길거리 시장이나 뉴욕 시내처럼 다채롭다. 하나님은 그 모든 색깔과 살아 숨 쉬는 모든 것을 창조하셨고, 아름다운 그 모든 것은 하나님으로부터 나온다. 하나님이 일하실 때, 모든 것은 타락한 상태에서 새로운 피조물로 변화한다.

하나님은 우리에게 노아의 홍수 이후 그 무지개를 주실 때, 이 세상을 얼마나 사랑하시는지를 보여 주신다. 하나님은 최후 수단으로서 인류와 피조 세계를 회복시키기 위해 홍수를 일으키셨다. 그 홍수 이후에, 무지개는 하나님이 노아와 맺으신 언약의 징표가 되었다.

> 내가 내 무지개를 구름 속에 두었나니 이것이 나와 세상 사이의 언약의 증거니라 내가 구름으로 땅을 덮을 때에 무지개가 구름 속에 나타나면 내가 나와 너희와 및 육체를 가진 모든 생물 사이의 내 언약을 기억하리니 다시는 물이 모든 육체를 멸하는 홍수가 되지 아니할지라 무지개가 구름 사이에 있으리니 내가 보고 나 하나님과 모든 육체를 가진 땅의 모든 생물 사이의 영원한 언약을 기억하리라 하나님이 노아에게 또 이르시되 내가 나와 땅에 있는 모든 생물 사이에 세운 언약의 증거가 이것이라 하셨더라(창 9:13-17)[4]

노아의 이야기는 고린도후서에서 일어난 많은 일을 이해할 수 있는 관점을 제공해 준다. 악은 실재하는 것이며 사탄의 영역에 속한다. 그러나 하나님은 인류를 구원하신다. 하나님은 노아의 때에 그렇게 하셨던 것처럼 멸망시키지 않으시고, 예수 그리스도의 사역을 통해서 인류를 구속하고 계신다. 이 일은 또한 믿는 자들 안에서 역사하시는 성령을 통해 믿는 자들 안에서 발견된다.[5]

신약성서에서의 노아

바울은 고린도후서 7장에서 노아를 명시적으로 언급하지 않지만 노아의 홍수와 악인들을 분리하는 것의 이미지를 암시한다. 노아와 홍수는 유다서 1:5, 베드로전서 3:18-20, 그리고 베드로후서 2:4-5에서 더욱 뚜렷하게 언급된다.

과학적으로 이야기해 보자면, 무지개는 물방울을 통해 반사되고 굴절된 빛이다. 이것은 무지개가 물로써 이 땅을 심판한 후에 나타난 것이기 때문에, 성경에 나오는 아름다운 이미지들 중 일부다. 그러나 무지개 그 자체는 오직 물을 통해서만 나타날 수 있다. 또한 무지개는 빛 그 자체가 가진 실체를 드러낸다. 빛은 흰색이 아니다. 빛은 여러 색상들로 구성되어 있다. 빛과 마찬가지로 하나님 역시 한 측면만 가지고 계시지 않고 다양한 측면을 가지고 계신다. 하나님은 인간성을 통해서 자신의 이미지를 반영하신다. 그래서 우리가 이러한 반영이 나타나도록 할 때, 인류의 인간성은 그 정점에 다다른다고 말할 수 있다. 하나님의 영이 우리의 마음을 채우고, 그 결과 우리 행위들을 구속하는 과정이 바로 이 굴절의 과정이다. 빛이 물을 통해 굴절되는 것처럼, 우리 안에서 변화를 일으키는 하나님의 역사는 우리가 진정으로 누구인지 그 실체를 드러내 준다. 물이 땅을 멸했던 것처럼, 옛 자아가 멸하면서 하나님의 모든 색으로부터 더욱 아름다운 것이 나타나는 것이다.

바울은 이와 비슷한 내용을 고린도전서 12-14장에서 주장한다. 고린도전서 12-14장에서 바울은 그리스도의 몸에는 많은 지체가 있으며, 그 지체들은 모두 하나님의 목적을 위해 사용된다고 이야기한다. 영적인 은사들은 어떻게 하나님이 다양한 사람들에게 다양한 방식으로 나타나시는지를 보여 준다. 마찬가지로 우리는 구약에서 하나님이 불타는 떨기나무로, 하늘(구름)을 탄 자로, 구름 기둥으로, 그리고 세미한 음성으로(예: 출 3:2; 시 68:4; 왕상 19:11-12) 나타나시는 모습을 통해 이것을 본다. 또한 우리는 이를 하나님이 제사장들을 통해(율법), 선견자들을 통해(지혜 문학), 그리고 선지자들을 통해 말씀하시는 것들로 구약성경이 구성되는 방식에서 볼 수 있으며, 왕들을 통해 말씀하시는 하나님에 대해서도 보게 된다. 하나님은 자신이 누구인지를 설명하는 과정에서 다양한 종류의 문헌들과 사람들을 사용하신다. 이 모든 것은 사실 하나님이 자신의 구상과 일치하도록 이 세계를 빚어 가는 예술가라는 사실을 보여 준다.

이 모든 것은 사실 하나님이 자신의 구상과 일치하도록 이 세계를 빚어 가는 예술가라는 사실을 보여 준다.

우리는 하나님이 노아에게 주신 무지개 징표를 함께 바라보며 하나님은 우리를 구원하길 원하신다고 말해야 한다. 하나님은 멸망시키길 원치 않으신다. 하나님은 우리 모두가 무지개 아래 서서 하나님의 아들 예수님을 통해서 이루어진 구원으로 인해 하나님을 찬양하는 사람들처럼 그분의 빛깔들로 살아가길, 그리고 성령 안에서 우리가 가진 생명으로 살아가길 원하신다. 따라서 나는 믿는 자들, 꿈꾸는 자들, 예수님을 사랑하는 자들, 그리고 나 사이에 이어진 "무지개 고리"를 찾을 것이다.

| 읽어 볼 글들 |

- 고린도후서 7:2-16
- 열왕기상 19:9-18

| 생각해 볼 질문 |

01 피조 세계에 있는 어떤 아름다움이 당신에게 영감을 주고, 그것을 만드신 하나님께 소망을 두게 하는가?

02 하나님의 성품을 반영하는 네 가지 유형의 사람들에 대해 생각해 보자. 이것은 하나님에 대해 무엇을 가르쳐 주는가?

8장

가난한 사람들을 사랑하기

고린도후서 8:1-9:15

누군가를 사랑한다는 것은 결코 쉬운 일이 아니다. 사랑은 항상 우리에게 무언가를 요구하며, 그렇지 않다면 그것은 진정한 사랑이 아니다. 이런 점에서 바울은 고린도 교인들에게 많은 것을 기대했다. 그들이 어떤 죄를 회개한 것만으로는 충분하지 않았다. 그들은 이 세상에서 예수님의 사역에 온전히 헌신한 사람들로 행동해야 했다. 바울에게 이것은 자기희생을 의미했다. 그것은 구제하는 것이고, 가난한 사람들을 사랑하는 일을 의미했다.

풍성함은 모든 것을 변화시킨다

바울은 고린도 교인들에게 "하나님께서 마게도냐 교회들에게 주신 은혜", 곧 "환난의 많은 시련 가운데서 그들의 넘치는 기쁨과 극심한 가난이 그들의 풍성한 연보를 넘치도록" 하게 한 것에 대해 이야기한다(고후 8:1-3). 마게도냐 교인들은 구제를 통해서 성도들을 위한 사역을 감당하길 원했고, 그래서 그들은 "먼저 자신을 주께 드리고", 그다음으로 바울과 디모데와 디도에게도 그렇게 했다(고후 8:4-5).[1] 바울은 예루살렘에 있는 그리스도인들 곧 바울이 고린도후서 8:4에서 언급한 "성도"들을 지원하는 임무를 고린도 교인들이 잘 감당하고 있지 못함을 그들에게 알리기 위해 이러한 자기희생의 예를 보여 준다(또한 갈 2:9-10을 보라). 여기에 더해, 바울은 마게도냐 성도들이 바울 자신과 그의 동역자들의 사역에 기여한 것을 그다지 애써 감추려 하지 않는다. 그렇게 함으로써 바울은 그의 사역 비용을 충당하는 데 고린도 교인들이 한 번도 도움을 준 적이 없음을 표현한다(고후 11:9).

바울의 3차 선교 여행(AD 52-57년)
바울이 갈라디아와 브루기아를 방문함.
바울이 에베소에 머물면서 고린도전서를 기록함.
바울이 마게도냐를 방문하고 고린도후서를 기록함.[2]

그리고 여기서 불안정함을 겪는 많은 사람들이 가진 큰 아이러니가 있다. 열심히 자신의 부는 비축하고 있지만 남들에게 베푸는 일에는 일반적으로 인색하기 때문에, 결코 유익이 되지 않는 불평으로 가득한 마음이 생긴다. 예를 들어, 우리는 뭔가에 대해 비용을 지불할 때, 보통 그것을 더 소중하게 여긴다. 그러나 만약 그것이 우리에게 공짜로, 우리가 개인적으로 아무것도 지불하지 않았는데 주어진다면, 우리는 순식간에 그것에 대한 감사의 마음을 잃어버리고 함부로 내버려 둔다. 또한 우리는 무언가를 만들어 내야 할 때나, 무엇인가를 기부해야 할 때에도 쉽사리 비판한다. 바울은 고린도 교인들이 처음 교회가 시작된 지역인 예루살렘에 있는 가난한 성도들을 지원하는 일의 의미를 다시 떠올리길 원했다(고후 8:6, 10-12). 이에 대한 바울의 말은 우리 모두가 기억해야 한다.

> 오직 너희는 믿음과 말과 지식과 모든 간절함과 우리를 사랑하는 이 모든 일에 풍성한 것같이 이 은혜에도 풍성하게 할지니라(고후 8:7)

이런 일과 더불어 비슷한 현상이 소비적 수혜 문화(handout culture: 정부와 기관의 경제적 지원이나 자원을 당연하게 받아들이고 이에 의존하려는 문화 – 역자 주)가 만연한 이 세계의 곳곳에서 나타난다. 사람들은 어떤 것을 얻기 위해 꼭 노력할 필요가 없을 때, 종종 그것을 함부로 내팽개쳐 버리거나 소중히 다루지 않는다. 자선에 대한 이런 생각은 도리어 "망가뜨리는 도움" 혹은 "자선 중독"으로 간주되기도 한다.[3] 바울은 마게도냐 교인들의 지원에 대한 거리낌 없는 언급을 통해서 자선과 관련해서 있었던 것과 동일한 문제가 사역 현장에도 발생할 수 있음을 보여 준다. 사람들은 자신들을 위해 제공되는 사역에 직접 투자하지 않을 때, 감사의 마음을 잃고 불평할 수 있다.

미국에서 이런 문제는 소위 "교회 쇼핑객"(쇼핑하듯이 교회나 종교 단체를 이리저리 옮겨 다니는 사람들 – 역자 주)에게서 발견된다. 이들은 출석하는 모든 교회에 대해 불만족스러워하는데 그것은 그들이 사역에 필요한 대가를 지불하는 일에 함께하지 않기 때문이다. 또한 자신은 아무런 대가를 치르지 않고 심지어 자신의 평판에 대해서는 아무런 손해를 입는 일 없이 다른 사람의 블로그에 쉽사리 악플을 남기는 온라인 논객들에게도 이런 문제가 일어난다. 이들은 자신이 내뱉은 해로운 말들에 대해서 실질적인 책임을 지지 않고 익명성 뒤에 숨어서 남을 깎아내린다. 성서 연구에 있어서도 그렇다. 실제로는 아무런 새로운 성과도 만들어 내지 못하면서 비판만 하는 신학자들에게서도 비슷한 현상이 나타난다. 사실 어떤 사람들은 그런 신학자들이 비판하는 그것을 만들어 내기 위해서 자신의 전체 경력을 모두 쏟아붓는데도 말이다. 사실 어떤 것을 조롱하는 것보다 어떤 것을 만들어 내는 것이 훨씬 더 어렵다. 우리는 만들어 내는 사람이 되어야 한다. 만약 어떤 것이 마음에 들지 않는다면, 그것을 더 좋고 건설적인 것으로 만드는 것을 목표로 삼아라. 단지 비판만 해서는 안 된다.[4]

더 나은 세상을 만드는 일 가운데 한 가지는 베푸는 것이다. 나는 베풀지 않는 그리스도인들이야말로 예수님의 뜻에 반하는 길을 가고 있다고까지 이야기하고 싶다. 그런 사람들은 사실 전혀 그리스도인답게 행동하고 있지 않다. 예수님을 믿는 사람들은 가난한 사람들을 돌보도록 부르심을 받았고, 오히려 너무 많이 베풀어서 지장이 생길 만큼 그들을 돌봐 주어야 한다. 고린도 교인들을 향해 바울은 베푸는 것이 그들이 가진 사랑의 "진실함"을 증명하는 길이라고 이야기한다(고후 8:8).

베푸는 것은 우리가 예수님의 모범을 따르는 방법들 중 하나다. 비록 예수님은 부유하셨지만(하나님의 모습으로 하늘에 거하신다는 뜻에서) 우리를 위해 가난하게 되셨다. 예수님은 육신을 입고 태어나셔서 자신을 비워 종의 형상을 취하셨다. 그리고 예수님은 문자 그대로 가난한 사람으로 사셨는데, 이는 우리로 하여금 성부 하나님과 풍성한 관계를 맺게 하려 하심이었다(고후 8:9; 빌 2:6-7; 사 52:13-53:12과 비교해 보라). 인간이 되기로 하신 예수님의 그 결정으로 인해, 우리 모두는 살아 계신 하나님의 아들과 딸이 되어 그분 자녀로 입양될 수 있는 길이 생겼다(갈 4:4-7; 고후 5:21과 비교해 보라).

이 모든 것에 관하여 바울은 고린도 교인들에게 어떤 일을 하라고 명령하거나 어려운 짐을 지우려 하지 않았다. 그 대신 바울은 그들이 현재 가지고 있는 풍성함을 다른 이들과 나누어 그들 주위에 궁핍한 사람이 아무도 없기를 원했다(고후 8:8, 13-14). 심지어 바울은 현재 궁핍함 가운데 있는 예루살렘 교회가 언젠가는 고린도 교회를 돕는 데 쓰일 풍성함을 가지게 될 것으로 내다보았다. 이것은 바울이 가진 그리스도 중심적 세계관을 나타낸다. 바울에게 있어 그리스도를 중심으로 삼는다는 것은 현재 일련의 사건들 너머를 바라보고, 어떻게 우리 모두가 서로 연결되며 또 하나님이 어떻게 이러한 연결을 통해 삶을 변화시키는지를 인식하는 것을 의미한다. 오늘 나에게 당신이 도와주어야 할 어떤 필요가 있는 것은, 내일 당신에게 필요한 어떤 것을 내가 도와줄 수 있게 하기 위해서다. 바울은 의존이나 자급자족을 조장하고 있는 것이 아니다. 바울은 서로간의 사랑과 긍휼, 곧 모든 사람들의 더 나은 생활을 위한 자원을 한데 모으는 것을 제안하고 있는 것이다(고후 8:15).

온전한 변화

바울은 자신이 이미 전한 말을 고린도후서에서 계속해서 우리에게 들려준다. 하나님의 일하심은 단순히 우리 **안에서만** 일어나는 것이 아니다. 그것은 우리를 통해서도 곧 우리의 행동을 **통해**

> 하나님의 일하심은 단순히 우리 안에서만 일어나는 것이 아니다. 그것은 우리를 통해서도 일어난다.

서도 일어난다. 우리는 그리스도인으로서 뜬구름 위에서만 살 수 없다. 우리는 행동하는 사람이 되어야 한다. 바울은 고린도 교인들에게 디도뿐 아니라 교회들 가운데서 복음을 전하는 능력으로 유명한 어떤 "형제", 그리고 바울이 매우 칭찬하는 또 다른 형제를 보냄으로써 이 점을 증명했다(고후 8:16, 18, 22).[5] 바울은 가난한 자들을 위한 고린도 교인들의 연보를 가져가기 위해 평범한 동역자를 보낼 수 있었지만, 고린도 교인들을 축복하기 위해 고린도 교인들이 잘 알고 있으며 존경하는 디도와 이미 교회들 사이에서 잘 알려진 설교자, 그리고 또 다른 동료를 함께 보냈다.

이번 방문으로 바울은 관련된 모든 사람에게 생명을 주는 일이 일어나기를 바랐다. 이 탁월한 세 사람을 보냄으로써, 바울은 일상적인 일이 멋진 일로 바뀌길 원했다.[6] 바울은 또한 고린도 교인들의 연보를 실제로 전달하는 일이 바울 자신뿐 아니라 수많은 사람들에 의해 이루어진 일이 될 것임을 강조하기 위해 손수 나섰던 것이다. 이러한 일은 바울이 인간의 기준으로 볼 때나 하나님의 기준으로 볼 때나 책망받을 일이 전혀 없음을 확실히 보여 준다(고후 8:19-21).

최소한의 수사학 기교

바울은 고린도 교인들이 시작한 일을 수행하기 위해서 최소한의 수사학 기교를 사용했다. 그는 이렇게까지 말한다. "성도를 섬기는 일에 대하여는 내가 너희에게 쓸 필요가 없나니 이는 내가 너희의 원함을 앎이라 내가 너희를 위하여 마게도냐인들에게 아가야[고린도가 수도였던 지역]에서는 일 년 전부터 준비하였다는 것을 자랑하였는데 과연 너희의 열심이 퍽 많은 사람들을 분발하게 하였느니라"(고후 9:1-2). 우리는 종종 사람들이 자기 말에 따르라고 강조하는 것을 언짢게 생각하지만, 사실 그래서는 안 된다. 우리의 "예"는 "예"가 되어야 하고, "아니요"는 "아니요"가 되어야 한다(마 5:37; 고후 1:17과 비교해 보라). 우리는 다른 사람들에게도 같은 것을 기대해야 한다.

또한 우리는 고린도후서 9:3-5에서 바울이 고린도에 직접 방문할 계획이 있었음을 알게 된다. 따라서 바울은 혼자서 그 연보를 전달하지 않을 것이며, 그 유명한 설교자와 함께 여행하고 있었다고 이전에 언급했던 것이다(고후 8:18-19). 그러나 일부 마게도냐 교인들은 고린도에 바울과 동행했을 것이다. 그래서 그는 만약 고린도 교인들이 연보를 전할 준비가 되어 있지 않을 경우 이들 앞에서 부끄러움을 당하지 않을까 하는 염려를 표현했다(고후 9:4). 그렇다면 난처한 일이 될 것이며, 따라서 바울은 디도와 다른 이들을 먼저 고린도에 보냄으로써 이러한 일을 피하고자 했던 것이다(고후 9:5).

즐겨 내는 자

> 이것이 곧 적게 심는 자는 적게 거두고 많이 심는 자는 많이 거둔다 하는 말이로다 각각 그 마음에 정한 대로 할 것이요 인색함으로나 억지로 하지 말지니 하나님은 즐겨 내는 자를 사랑하시느니라 하나님이 능히 모든 은혜를 너희에게 넘치게 하시나니 이는 너희로 모든 일에 항상 모든 것이 넉넉하여 모든 착한 일을 넘치게 하게 하려 하심이라(고후 9:6-8)

만약 우리가 올바른 마음을 품고 하나님께서 인도하시는 대로 구제한다면 그 일에서 기쁨을 찾을 수 있을 것이다. 그러나 왠지 내키지 않는 마음으로 구제한다면 사실 우리는 본질을 놓치고 있는 셈이다. 구제하는 것은 우리 안에서 변화를 불러일으키는 또 다른 종류의 행위다. 나는 인생에서 이러한 일을 경험한 적이 여러 번 있었다.

> 만약 우리가 올바른 마음을 품고 하나님께서 인도하시는 대로 구제한다면 그 일에서 기쁨을 찾을 수 있을 것이다.

바울은 구제하는 것과 관련된 축복에 대해서 계속해서 논한다. 가장 먼저 바울은 씨 뿌리는 자의 비유를 통해서 우리가 가진 모든 부요함의 근원은 하나님 자신임을 알려 준다. 우리는 단지 그분의 부요함을 나누는 것뿐이다(고후 9:9-10). 아브라함 카이퍼는 다음과 같은 유명한 말을 남겼다. "우리 인간 실존의 **전 영역** 안에서 만물의 주권자이신 그리스도께서 **'나의 것'**이라고 외치지 않을 영역은 한 치도 없다."[7] 그렇다. 모든 것이 하나님의 것이다. 우리가 구제할 때, 우리가 하고 있는 일이라고는 그분의 자원이 그분의 목적에 따라서 사용되도록 하는 것뿐이다. 우리는 하나님이 구제해야 할 대상으로 분명하게 알려 주신 일에 물질을 드리고 있다. 혹은 현재 우리에게 필요하지 않은 자원을 다른 이들에게 내주면 그들이 하나님 나라의 사역을 위해 이러한 자원을 대신 관리하고 있다. 이처럼 구제하는 각각의 방법은 이 세상에 있는 모든 것이 하나님의 것이지 내 것이 아님을 확증하는, 청지기 직분의 유형들이라 말할 수 있다. 우리는 즐겨 구제하는 자가 되어야 한다. 왜냐하면 우리가 구제하는 것은 하나님의 자원들이 마땅히 가야 할 곳으로 가도록 하여 하나님의 기쁨에 참여하게 되었음을 인정하는 것이기 때문이다.

계속해서 바울은 우리가 구제할 때, 염려하지 말아야 한다고 설명한다. 왜냐하면 하나님께서 우리를 위해 우리에게 필요한 것을 공급해 주실 것이기 때문이다. 하나님은 구제하는 자를 축복하실 것이다. 왜냐하면 하나님은 그들이 앞으로 계속해서 구제할 것을 아시기 때문이다(고후 9:8, 10-11). 하나님이 분별력을 가지고 구제하는 자들에게 더 많은 자원을 허락하실 때에는, 이들이 그 자원을 그분의 목적에 따라 마땅히 가야 할 곳으로 보낼 것임을 알고 계신다.

불평을 감사로 바꾸기

만약 우리의 목적이 우리 사이에서 작동하는 과도한 비판 정신과 맞서 싸우는 것이라면, 즉 우리 사회에 더 나은 대안을 주고자 하는 것이라면, 우리는 관대해지는 것을 목표로 삼아야 한다. 바울은 고린도 교인들에게 그들의 관대함은 가난을 해결할 뿐 아니라 "하나님께 드리는 많은 감사"가 있게 할 것이라고 이야기한다(고후 9:12). 바울은 이 모든 것을 "그리스도의 복음"의 측면에서 설명한다(고후 9:13). 그리고 이러한 내용은 다음과 같은 사실을 설득력 있게 보여 준다. 바울은 그리스도인의 "구원"과 행함을 구분하지 않았다. 우리는 구제를 비롯해서 하나님을 대신해서 하는 긍정적인 행위들을 자연스럽게 이끌어 내는 참된 회개를, 우리가 가진 믿음에서 분리할 수 없다(막 1:14-15과 비교해 보라). 믿음은 행함을 필요로 한다. 사실, 믿음이 행함을 요구하는 것이다. 그리고 믿음은 하나님께서 모든 곳에서 일하고 계심을 보며, 그분의 일하심에 참여할 수 있는 기회를 주신 것에 대해 끊임없이 감사하는 것이다. 믿음은 우리를 완전히 변화시킨다. 바울이 고린도 교인들이 받을 은사에 대해 감사한 것도 바로 이런 이유 때문이었다(고후 9:15). 이것은 단순히 도움을 받을 사람들 때문만은 아니다. 이것은 구제하는 사람들을 변화시키는 데도 진정으로 도움이 되기 때문이다.

감사를 가져다주는 관대함은 우리 삶에서 어둠을 끊어 내는 가장 좋은 방법이다. 그것이 우울이든, 불안이든, 중독이든, 혹은 삶에 대한 일상적인 좌절감이든, 다른 사람들을 도와주는 일은 우리 자신을 극복하는 데 도움을 준다. 그리고 그렇게 함으로써 우리는 그들 안에 있는 예수님을 바라보고, 그들이 겪고 있는 역경을 이기시는 그분을 지켜보며, 이로써 우리 삶에 더 많은 희망을 가져다줄 기회를 찾는다. 예수님이 어떻게 다른 사람으로 하여금 승리하도록 도우시는지를 볼 수 있을 때, 우리는 예수님이 우리로 하여금 승리하도록 어떻게 도우실 수 있는지도 깨닫게 된다.

만약 당신이 구속받을 뿐 아니라 진정 변화되기를 바란다면, 다른 것 말고 당신이 소유하고 있는 것을 관리하는 방식을 변화시켜야 한다. 이제 해야 할 일은 당신이 잘 관리하도록 받은 자원들을 어떻게 사용하기 원하시는지를 하나님께 묻는 것뿐이다.

| 읽어 볼 글들 |

- 고린도후서 8:1-9:15
- 이사야 52:13-53:12

| 생각해 볼 질문 |

01 예수님께서 우리 각 사람에게 주신 것을 잘 생각해 보라. 이를 통해 예수님의 성품을 더 많이 반영하도록 당신이 할 수 있는 실제적인 일은 무엇인가?

02 어떻게 하면 더욱 관대해지고 더 많은 구제를 베풀 수 있을까? 하나님 나라 사역을 위해서 더 많은 자원을 나누기 위해 당신이 할 수 있는 일은 무엇인가?

9장

어두움을 대적하는 영적 전쟁

고린도후서 10:1-11:6

겸손함은 쉽게 얻을 수 있는 것이 아니다. 진실함 역시 그러하다. 바울은 고린도 교인들과의 관계를 새롭게 하려 할 때, 싸워야 할 어두움이 많다는 것을 깨달았다. 이것은 단순히 오해의 문제가 아니었다. 그것은 사람들의 삶을 지배하는 기본적인 가치 체계에 관한 문제였다.

영적 전쟁을 준비하다

비록 바울은 고린도 교인들과 직접 대면할 때는 겸손하고 온유했지만, 그가 도착할 때까지 상황이 바뀌지 않는다면, 이런 상황에 필요할 것으로 여겨지는 단호한 조치들을 취하겠다고 경고했다(고후 10:1-2, 6). 바울은 고린도에 살고 있는 그 누구라도 자신에 대해 "육신"을 따라 살고 있다고 말한다면 이에 대해 반박했다.

> 우리가 육신으로 행하나 육신에 따라 싸우지 아니하노니 우리의 싸우는 무기는 육신에 속한 것이 아니요 오직 어떤 견고한 진도 무너뜨리는 하나님의 능력이라 모든 이론을 무너뜨리며 하나님 아는 것을 대적하여 높아진 것을 다 무너뜨리고 모든 생각을 사로잡아 그리스도에게 복종하게 하니(고후 10:3-5)

이렇게 이야기하면서 바울은 고린도후서 전체에서 강조했던 내용을 또다시 명확하게 설명한다. 이것은 단순히 사람들 사이의 논쟁거리가 아니다. 이것은 영혼을 위한 싸움이다. 이것은 영적인 삶과 죽음에 관한 것이다. 그리고 바울은 자신이 하나님의 방식을 따라서 살고 있음을 알고 있었다. 또한 하나님의 방식은 육신의 방식이 아니라 성령의 방식이며, 따라서 누구든지 자신을 대적하는 사람은 실제로는 하나님의 사역을 대적하는 것임을 알고 있었다.[1] 고린도 교인들의 이기적인 행동들은 바로 이것을 증명하고 있었다.

하나님의 방식은 바울에게 모든 생각을 사로잡을 수 있는 능력을 준다(고후 10:5). 하나님의 방식은 변화를 가져온다. 그것은 삶을 완전히 변화시킨다.

> 이것은 단순히 사람들 사이의 논쟁거리가 아니다. 이것은 영혼을 위한 싸움이다.

자신을 시험하여 보라

우리가 예수님의 기준에 맞추어 삶을 살아가려면 정직함이 요구된다. 바울은, 자신이 그래야 한다면, [고린도 성도들의] "복종이 온전"하게 되도록 "모든 복종하지 않는 것을 벌"할 것이라고 말한다(고후 10:6). 이를 통해서 볼 때, 바울은 예수님의 최종적인 목표라 할 수 있는 그들 삶에 있어서의 온전함을 회복하는 것을 목표로 삼았음을 의미한다(고후 10:8). 이 점을 더 자세히 설명하기 위해 바울은 고린도 교인들에게 자신이 그리스도 안에 있다고 주장하는 사람들뿐 아니라 바울 자신 역시 그리스도 안에 있다는 것을 상기시켰다(고후 10:7). 사실상 바울은 "당신은 누구이기에 나를 판단하는가?"라고 말하고 있는 것이다. 이런 맥락에서 바울은 고린도에 도착했을 때, 하나님이 주신 권위를 사용하길 꺼리지 않았다. 만약 고린도 교인들이 바울에게 요청했다면, 그는 글로 썼던 대로 직접 행동했을 것이다(고후 10:10-11).

만약 우리가 하나님의 형상대로 살고자 한다면, 우리의 형상을 자신이 생각하는 성공의 척도를 따라 판단할 수 없다. 또한 자신이 누구인지를 규정하기 위해 다른 사람들을 바라보는 사람들은 자신이 하나님의 시험에 실패하고 있다는 사실을 깨닫지 못할 것이다. 이러한 생각을 바울이 설명하는 방식은 다음과 같다.

> 우리는 자기를 내세우는 사람들과 같은 부류가 되려고 하거나, 그들과 비교하려 하지 않습니다. 그러나 그들은 자기를 척도로 하여 자기를 재고, 자기를 기준으로 하여 자기를 견주어 보고 있으니, 그들은 자기들이 지각이 없음을 드러낼 뿐입니다.(고후 10:12)[2]

우리의 목적은 "올바른" 사람을 규정하는 이 사회의 시각을 반영하는 것이 아니다. 우리의 목적은 우리 안에서부터 하나님의 색깔들이 밝게 빛나게 하는 것이어야 한다. 우리가 다른 이들의 견해와 비교해서 우리 자신을 평가할 때, 즉 어떤 확인을 받기 위해 다른 이들을 보고 있을 때, 우리는 하나님의 방식으로 우리 자신을 바라보는 것을 소홀히 하고 있는 것이다. 그것은 우리가 하나님의 방식으로 우리 자신을 보지 않고 초라한 인간성에 비추어 우리 자신을 보는 것으로 대체하는 것이다. 만약 우리가 어떤 이를 본보기로 삼고자 한다면, 그 사람은 하나님의 형상대로 살아가는 사람, 곧 하나님의 빛을 투영하는 사람이어야 한다. 고린도 교인들에게 있어 그런 사람은 바로 바울이었다. 바울은 고린도 교인들에게 그들의 삶을 변화시키도록 요청할 수 있는 그런 권리를 가진 사람이었다(고후 10:13). 바울은 고린도 지역에 복음을 전하고 교회를 세우는 일에 도움을 주었다. 그래서 바울은 다른 사람들이 했을 법한 그런 종류의 자기변호와는 매우 다른 변호를 해야 했고, 물론 그런 바울의 자기변호는 받아들여질 가치가 있었다(고후 10:14-15).

고린도 교인들에게 고통스러운 책망을 가하는 것은 바울이 의도하는 바가 아니었다. 그 대신에 그는 이들이 변화되어 복음의 역사가 다른 지역들에까지 확장되어 나갈 수 있기를 바랐다(고후 10:15-16; 고후 7:9-11과 비교해 보라). 바울은 고린도 교회를 발판으로 삼아 그들 밖의 지역, 아마도 로마와 스페인 같은 서쪽 지역까지 복음 전하기를 원했을 것이다(롬 15:28과 비교해 보라). 바울은 우리 중 많은 사람이 보지 못하는 것을 보았다. 그것은 예수님의 일이란 한 사람만을 위한 것이 아니라 온 세상을 위한 것이라는 사실이다. 마찬가지로, 한 교회가 변질되어 그리스도의 영향력 대신에 사탄의 영향력 아래로 떨어질 때, 타격을 받는 것은 그 공동체에 속한 사람들만이 아니다. 그 타격은 복음의 사역이 펼쳐지는 모든 곳에 해당된다. 이것이야말로 우리 각 사람이, 단지 공동체들만이 아니라 각 개인이 예수님과 늘 동행함을 유지하는 것이 그토록 중요한 이유다.

예수님께 전적으로 헌신하기

고린도 교인들의 전반적인 문제는 그들이 잘못된 사람들의 말을 듣고, 그 결과 그리스도를 위해 해야 할 일들을 수행하는 데 실

> 예수님의 방식을 믿는다는 것은 투명성과 책임에 대한 전적인 헌신을 요구한다.

패했다는 것에 뿌리를 두고 있다.

예수님의 방식을 믿는다는 것은 투명성과 책임에 대한 전적인 헌신을 요구한다. 나는 내 삶 속에서 이것이 진정 우리 삶 전체를 결정적으로 바꾸는 게임 체인저(game-changer)가 되는 것을 경험한다. 나는 가까운 친구와 매주 의무적으로 통화를 하는데 이렇게 교제하는 일을 거의 빠뜨리지 않는다. 내 삶에 대해 그 친구가 유일하게 관심 갖는 일은 내가 예수님에게 더 가까워지는 것뿐이다. 우리는 함께 일하거나 사역하지 않는다. 우리는 서로 함께 아는 친구들이 많은 것도 아니다. 그런데 이러한 것은 의도적인 것이다. 심지어 우리는 서로의 사역에 정기적으로 기부하지도 않는다. 인생에서 우리의 성공은 예수님을 위하여 온전하게 살아가는 것에 대해 서로가 책임을 진다는 의미에서 상호 의존적이지만, 그 외에 다른 의미에서 그런 것은 아니다. 그 결과, 그 친구는 나에게 어떤 불이익에 대한 두려움이나 이익에 대한 기대를 갖지 않고, 있는 그대로를 정확히 나에게 이야기해 줄 수 있다. 우리는 일주일 중 가장 기쁜 순간부터 마음을 스쳐 지나갔던 가장 어두운 생각들에 이르기까지 모든 일에 대해서 서로를 신뢰한다. 바울이 말했던 것처럼 우리의 목표는 "모든 생각을 사로잡아 그리스도에게 복종"하게 함으로써 서로를 세워 주는 것이다(고후 10:5). 이런 책임을 담당하기로 한 나의 결정은 내 인생에서 정말 중요한 결정이었으며, 우리가 나누는 대화는 일주일 동안 해야 할 중요한 일들 중 하나가 되었다. 우리의 대화는 내가 예수님을 더욱 가까이서 따르는 데 도움이 된다. 그리고 나의 영적인 목표와 일상의 목표에 대한 책임을 부여하며, 누군가와 함께 나의 어려움(내 안에서 일어나는 어려움 혹은 다른 이들과 관계된 어려움 모두)을 놓고 기도할 수 있는 기회를 준다. 무엇보다 이런 대화들은 내가 내 인생의 어두움을 끊어 내는 중요한 방법이 되었다.

나는 내 친구와 맺은 관계, 그리고 우리의 관계가 성경에서 찾아볼 수 있는 모델이라고 믿는다. 교회는 우리가 예수님과 동행하며 앞으로 나아가게 하는 길의 역할을 하도록 되어 있다. 그리고 그 과정에서 맺어진 우리의 관계들은 예수님을 위한 삶으로 우리를 이끌어야 한다. 예를 들어, 일대일 제자훈련(one-on-one discipleship)은 우리가 예수님과의 사랑 안으로 더 깊이 들어가고, 그분을 위해 더욱 만족스러운 삶을 사는 최고의 방법이다. 우리는 함께 어두움을 끊어 내야만 하며, 서로를 그리스도의 영역으로 끌어당겨야 한다.

우리가 그리스도를 삶의 중심에 둘 때, 우리는 우리 안에서 그리고 다른 이들 안에서 그분이 하신 일을 자랑할 수 있다. 우리는 그리스도가 우리 안에서 어떻게 변화를 일으켰는지, 그리고 어떤 기적 같은 일을 행하셨는지를 함께 이야기할 수 있다(고후 10:17). 그러므로 자랑할 만한 것은 바로 이것인데, 곧 예수님의 구원 사역을 통해서 하나님의 형상을 좇아 살아가는 사람들이다.

바울이 우리에게 말하듯이 우리는 결코 스스로를 칭찬하려 하지 말고, 주님께서 우리를 칭찬하시도록 해야 한다(고후 10:18; 고후 11:1과 비교해 보라). 따라서 우리가 우리 안에서 일어나는 예수님의 일하심에 대해 말할 때조차도, 그 대화는 그분에 관한 것이어야만 한다. 그 대화의 초점은 언제나 우리를 변화시키고 하나님의 형상을 따라 살아가도록 능력을 주시는 그리스도의 인격이어야 한다.

거짓말이 서서히 스며들어 오는 과정

우리는 서서히 거짓말이 스며들어 오게 함으로써 하나님의 형상대로 사는 삶에서 멀어질 수 있다. 우리가 이 거짓말들을 믿기 시작하면서, 우리 자신에게 거짓말을 하고, 결과적으로 다른 사람들에게도 거짓말을 하게 된다. 우리는 우리의 영적인 여정과 실패에 관한 진실을 숨긴다. 그리고 이러한 일은 더 많은 거짓말로 이어진다.

고린도후서 전체에 걸쳐서 우리는 고린도 교회 공동체 안에서 일하시는 예수님에 관해 확신하는 동시에, 고린도 교인들을 예수님으로부터 멀어지게 만드는 더 큰 문제들이 진행되고 있음을 발견하게 된다. 고린도후서 6:14-7:1에서 바울은 고린도 교인들에게 하나님을 대적하는 죄를 범하도록 영향을 주고 하나님을 대적하는 그런 사람들로부터 돌아서야 할 것을 이야기한다. 바울은 마침내 이렇게 말한다.

> 내가 하나님의 열심으로 너희를 위하여 열심을 내노니 내가 너희를 정결한 처녀로 한 남편인 그리스도께 드리려고 중매함이로다 그러나 나는 뱀이 그 간계로 하와를 미혹한 것같이 너희 마음이 그리스도를 향하는 진실함과 깨끗함에서 떠나 부패할까 두려워하노라 만일 누가 가서 우리가 전파하지 아니한 다른 예수를 전파하거나 혹은 너희가 받지 아니한 다른 영을 받게 하거나 혹은 너희가 받지 아니한 다른 복음을 받게 할 때에는 너희가 잘 용납하는구나(고후 11:2-4)

고린도 교회는 자신들이 변화하도록 이끌어 줄 수 있는 사람인 바울의 영향을 받기보다, 사탄으로 이끌 사람들을 따를 위험에 처해 있었다. 바울은 조롱하는 투로 이러한 사람들을 "뛰어난 사도들" 혹은 "지극히 크다는 사도들"이라 부르지만, 결코 자신이 그들보다 열등하다고 생각하지 않았다는 것은 분명하다(고후 11:5). 그리고 여기 이단에 대한 바울의 정의가 있다. 바로 바울 자신이 전하는 것과는 다른 복음을 전하는 자들이다.

결코 훌륭하지 않은 사도들

고린도에서 바울을 대적하는 자들 곧 "지극히 크다는 사도들"은 복음에 대해, 그리고 바울에 대해 거짓말을 퍼뜨렸다. 불행히도, 거짓 선생들은 신약 시대 내내 두드러지게 활동했다(예를 들면, 행 13:6-8; 벧후 2:1; 그리고 딤전 1:20에서 바울이 디모데에게 경고한 내용).

이와 같은 고린도에 있는 거짓 사도들은 예수님의 십자가 죽음을 가벼이 여기고, 오히려 교사로서 자신들의 말솜씨를 높이 평가했을 가능성이 높다. 이들은 아마도 예수님을 우리 죄를 위해 자신을 희생한 세상의 구세주로 묘사하기보다 그리스의 철학자에 더 가깝게 묘사했을 것이다.[3] 게다가, 이런 거짓 사도들이 가진 "복음"은 후한 연보의 필요성을 일축했을 것이다. 몇 단락 앞에서 바울이 후한 연보와 복음을 직접적으로 연결하고 있기 때문이다(고후 9:13). 만약 거짓 사도들이 극단적인 성적인 죄에 빠져 살았던 그 사람을 처음부터 환영하려 했던 무리 중 일부였다면, 이들은 이른바 값싼 은혜를 조장하고 예수님의 희생을 값어치 없는 것으로 만들고 있었을 것이다(고전 5:1-2; 고후 7:1과 비교해 보라).[4] 거짓 사도들의 화술과 결합된 이런 기만은 우리는 모두 구원받았고 하나님은 우리가 행복해지는 것만 원한다는 식의 일종의 "다 괜찮아" 유형의 신학으로 고린도 교회를 타락시켰다.

고린도 교회의 문제는 오늘날 많은 교회들이 직면하고 있는 문제와 동일하다. 사람들은 자기 입맛에 맞는 목회자들이나 교회들을 찾는다. 사람들은 때로 카리스마 넘치는 지도자들을 따르는데, 이런 지도자들은 사람들이 교회를 떠나지 않게 하려고 그들이 듣기 원하는 말만 해 줄 뿐이다(고후 11:6과 비교해 보라). 사실 교회에서 교사의 역할은 우리가 듣고 싶어 하는 말을 우리에게 해 주는 것이 아니라 오히려 바울처럼 잔인할 만큼 정직하게 이야기해 주는 것이다. 우리가 찾는 지도자는 우리를 예수님께로 인도하는 사람이어야 하며 이런 지도자들은 우리에게 변화를 요구할 것이다. 그리고 대개 그런 변화는 고통을 동반한다.

| 읽어 볼 글들 |

- 고린도후서 10:1-11:6
- 유다서

| 생각해 볼 질문 |

01 이 장을 읽고 있는 지금, "지극히 크다는 사도들"("거짓 사도들")의 특징에 맞는 지도자들이 주위에 있는가? 그렇다면 이런 상황을 바꾸기 위해 당신은 무엇을 할 수 있는가?

02 책임감을 가지고 만나는 동역자가 있는가? 그렇지 않다면, 이런 일에 적합하다고 생각하는 사람들의 이름들을 나열해 보자. 떠오르는 사람이 없다면, 누가 잘 맞을지 목회자와 상의해 보라.

10장

지극히 크다는 사도들, 그리고 그리스도 안에서 자랑하기

고린도후서 11:7-13:10

바울은 복음을 위해 고난을 기꺼이 참아 냈다. 그리고 이를 염두에 두고 바울은 마침내 자신에 대해 고린도 교인들이 가진 인식에 관한 문제의 핵심에 도달했다. 이들은 바울과 여러 사람들이 자신들에게 얼마나 많은 것을 가져다주었는지를 알지 못하고 있었다. 비록 고린도는 풍요로운 교회가 있는 부유한 지역이었지만, 오히려 바울은 마게도냐에 있는 가난한 성도들을 포함해서 다른 사람들을 뒤로하면서까지 고린도 교인들에게 값없이 복음을 전해주었다. 바울은 자신이 고린도 교인들을 진심으로 사랑하기도 하지만 거짓 사도들의 주장들을 반박하기 위해서라도 계속해서 값없이 헌신하겠다고 말한다(고후 11:7-12).

복음을 위하여

복음을 위해 활동하는 바울과는 대조적으로, 지극히 크다는 사도들은 "거짓 사도요 속이는 일꾼이니 자기를 그리스도의 사도로 가장하는 자들"이었다(고후 11:13). 바울은 이러한 일에 대해 놀라지 않았다. 왜냐하면 "사탄도 자기를 광명의 천사로 가장"하고, "사탄의 일꾼들도 자기를 의의 일꾼으로 가장"하기 때문이다(고후 11:14-15). 이것이 바로 그리스도의 영역과 대립하는 사탄의 영역에 관한 바울의 세계관이다. 사탄의 영역에 속해 있는 자들로부터 스스로를 분리시켜야 한다는 바울의 명령은 다음과 같은 결론에 다다른다. 즉, 거짓 복음이 내세우는 주장을 따라가는 자들은 자신의 선택에 의해서든지 아니면 실수로든지 결국에는 우리를 기만할 것이다. 그리고 그들은 우리를 잘못된 길로 들어서게 할 것이다. 따라서 믿지 않는 자들과 멍에를 같이 메지 않는 것은 거짓된 "빛" 곧 사탄의 방식으로 이끌리지 않게 하는 예방책이다.

빛과 어둠을 분별하는 것은 쉬운 일이 아니다. 하지만 결국 우리는 하나님이 심판하실 것을(공의대로 처리하실 것을) 알게 될 것이다. 바울은 우리에게 사탄의 일꾼들의 "마지막은 그 행위대로 되리라"라고 이야기한다(고후 11:15). 또한 우리는 사람들이 선포하는 복음이 어떤 종류의 것인지를 살펴봄으로써 이를 분별할 수 있다. 이들이 가진 복음이 예수님을 위한 자기희생과 일치하는가?

그들의 복음은 후히 베푸는 것을 권면하고 정결한 삶을 보여 주는가?(고후 7:1과 비교해 보라.) 만약 그렇지 않다면, 이들은 우리를 하나님의 복음이 아닌 "다른 복음" 곧 사탄의 복음으로 향하도록 만들고 있다는 사실을 알 수 있다(고후 11:4).

참된 복음을 따라 사는 삶

고린도 교인들과 관련된 모든 사건들 때문에 바울은 낙심했고 어쩌면 견딜 수 없을 만큼 힘들었을 것이다. 바울은 고린도 교인들이 이런 거짓 사도들에게 미혹되는 것을 지켜보기에 지쳤고, 본질적인 이야기를 전달하기 위해 잠깐 이들과 같은 수준으로 어울려 준다. 그는 이 지점에서 다음에 이어질 말이 주님의 권위로 하는 것이 아니고 육체를 따라 자랑하는 그런 어리석음에 불과한 것이라고 미리 말함으로써 자기를 자랑하는 말의 포문을 연다(고후 11:16-21). 알다시피 이것은 속이 뻔히 들여다보이는 조롱이다.

이제 바울은 계속해서 자신이 사도가 되기에 더할 나위 없이 훌륭한 이력을 가지고 있음을 언급한다. 그는 히브리인이자 이스라엘인이며 아브라함의 자손이다. 그는 기독교와 유대교의 신앙적 유산이 무엇인지 잘 알고 있으며, 그 속에서 성장했다. 또한 바울은 거짓 사도들보다 더 훌륭한 그리스도의 종이었다. 게다가, 그는 옥에 갇히는 것과 매 맞는 것, 배가 난파당하는 일, 몰래 도망

쳐야 했던 일들을 견뎌냈고, 배고픔과 목마름을 경험하고, 비바람을 맞기도 했다. 그는 그리스도를 위해 온갖 위험을 감당했고, 거의 죽을 뻔한 적도 있다(고후 11:24-27, 32-33). 이 모든 것에 더해, 바울은 날마다 모든 교회를 위한 염려로 인해 마음이 눌렸다(고후 11:28). 만약 그리스도 안에서 자랑할 만한 것이 있다면, 바울은 그것을 가지고 있었고, 이러한 일들이 거짓이 아님을 알고 있었다. 바울은 자신의 연약함 속에서도 사람들에게 예수님이 누구인지를 보여 주었던 것이다(고후 11:29-31).

바울이 말하고자 하는 핵심은 이것이다. 복음을 위해 바울 자신이 했던 일들을 과연 누가 따라 할 수 있을까? 그리고 만약 자랑할 것이 있다면, 그것은 우리를 강하게 하시는 그리스도 안에서 우리가 가진 약함이다(빌 4:12-13). 그리스도는 모든 상황 속에서 우리를 인도하시고 가르쳐 주실 수 있다. 바울은 지극히 크다는 사도들에게 본질적인 질문을 던진다. "당신들은 신앙적 유산에 있어서 혹은 배움에 있어서 나보다 더 자격이 있습니까? 당신들은 예수님을 위해 치르는 희생에 있어서 나보다 더 자격이 있습니까?" 당연히 대답은 "아니요."였다.

저 너머의 비전

비록 바울은 고린도 교인들 앞에서 스스로를 변호하는 우스꽝

스러운 일이 마음에 내키지 않았지만, 자신이 가진 영적인 경험들을 강조하면서 그 주장을 계속 이어 나간다(고후 12:1). 고린도의 "지극히 크다는 사도들"을 부끄럽게 하는 바울 자신의 "자랑"을 계속 이어 나가기 위해, 바울은 "셋째 하늘에 이끌려 간" "그리스도 안에 있는 한 사람"에 관한 이야기를 한다. 이 사람은 바울일 수도 있고 아니면 다른 누군가일 수도 있다(고후 12:2-5).[1] 아마도 바울은 고린도 교회 내에서 영적인 것을 매우 강조하는 분위기 때문에 이 점을 이야기한 것으로 보인다(고전 11-13장과 비교해 보라). 만약 고린도 교인들이 원하는 것이 "영적인 것"이었다면, 분명 그곳에는 "지극히 크다는 사도들"보다 더 나은 자격을 가진 사람들이 있었을 것이다. 그러나 바울은 이 이야기가 가진 모호함과, 바울 자신에게서 보고 들은 것만을 믿고 다른 이유 때문에 그를 믿지 않길 바란다고 했던 자신의 말에도 불구하고, 바울은 자기가 가진 영적 경험들을 암시하는 것을 두려워하지 않는다(고후 12:6-7).

그러나 여기서 바울은 그 영적인 계시가 유일한 지도력이 되게 하지 않는다. 바울은 고린도 교인들을 위해 그리스도를 의지하는 것이 훨씬 더 가치가 있다는 것을 강조하기 원했다.

> 여러 계시를 받은 것이 지극히 크므로 너무 자만하지 않게 하시려고 내 육체에 가시 곧 사탄의 사자를 주셨으니 이는 나를 쳐서 너

무 자만하지 않게 하려 하심이라 이것이 내게서 떠나가게 하기 위하여 내가 세 번 주께 간구하였더니 나에게 이르시기를 내 은혜가 네게 족하도다 이는 내 능력이 약한 데서 온전하여짐이라 하신지라 그러므로 도리어 크게 기뻐함으로 나의 여러 약한 것들에 대하여 자랑하리니 이는 그리스도의 능력이 내게 머물게 하려 함이라 그러므로 내가 그리스도를 위하여 약한 것들과 능욕과 궁핍과 박해와 곤고를 기뻐하노니 이는 내가 약한 그때에 강함이라(고후 12:7-10)[2]

바울이 경험한 그 "가시"가 무엇이든지 간에, 그리고 그 가시가 어떻게 시작된 것이든 간에 바울의 요점은 분명하다. 오직 하나님의 은혜만이 바울의 삶에 진정하게 지속적으로 영향을 줄 수 있다는 것이다.[3] 오직 우리가 가진 연약함 속에서, 오직 우리가 그리스도의 능력을 의지할 때, 우리는 마땅히 되어야 할 모습으로 될 수 있다.[4]

바울이 말한 그 "가시"란 무엇인가?

우리는 바울이 의미하는 "육체의 가시"가 정확히 무엇인지 알 수 없다. 다만, 다음과 같이 추측해 볼 수 있다.

- 바울의 심리적 고통
- 바울을 대적하는 사람들
- 신체적 장애 혹은 기형
- (일반적인 의미에서 혹은 특별한 의미에서 그에게만 맞서는) 악한 세력.[5]

또한 바울의 요점은 이것이다. 명백하게 사탄은 믿는 자들을 대적하여 이들에게 악과 해를 끼칠 수 있다는 것이다. 그리스도인이라 해서 그러한 억압과 박해에서 결코 예외가 되지 않는다.[6] 그리고 비록 사탄이 해를 끼치기 위해 이러한 대적함을 의도했을지라도, 그리스도는 이러한 일조차 선을 위해 사용하실 수 있다. 바울의 경우, 그리스도는 바울이 계속해서 그분을 의지하도록 그 "가시"를 허용하셨다.

바울은 사람들이 소중하게 여기는 것이 그들을 구원해 줄 수 있는 것이 아님을 알고 있었다. 오직 예수님만이 구원하실 수 있다. 또한 바울은 우리가 이해할 수 없는 어려움이 닥칠 수 있음을 알고 있었다. 일생 대부분의 시간 동안 심각한 질병에 시달렸던 위대한 노예제 폐지론자인 윌리엄 윌버포스는 이렇게 말한 적이 있다.

> 그러나 우리가 완전히 이해할 수 없는 고난(이 있다는 것)에 놀라지 마십시오. … 의심과 논쟁을 끊임없이 불러일으키는 문제를 주지 않는 것이란 우리 주위에는 거의 없습니다. 땅 위를 기어다니는 가장 보잘것없는 파충류 … 우리가 보고 있는 모든 풀과 꽃은 우리의 제한된 탐구를 뒤흔들어 놓습니다. 자연의 모든 것은 우리에게 겸손함을 요구합니다. 만약 우리가 물질이나 숫자의 속성이 아니라 "그 지혜가 무궁한" 분(시 147:5), "그의 판단은 헤아리지 못

할 것이며 그의 길은 찾지 못할" 분(롬 11:33)의 조언과 길을 존중하는 질문에 난감해한다면, 그게 놀라운 일이지 않을까요?[7]

하나님은 우리가 겪고 있는 일을 이해하시고, 우리에게 필요한 답이 무엇인지 아신다. 우리는 늘 그분이 행하시는 놀라운 일을 찾고 그에 대한 믿음을 가져야 한다. 우리는 늘 하나님이 궁극적으로는 악을 몰아내기 원하신다는 사실을 믿어야 한다. 그러나 우리는 또한 때에 따라 일하시는 그분의 방법을 신뢰해야만 한다. 우리가 도저히 이해할 수 없고, 오로지 하나님만이 아시는 많은 일들이 있다. 윌리엄 윌버포스는 이것이 무엇인지를 알았고, 바울 역시 그러했다. 내 친구는 만성적으로 영적이고 육체적인 고통을 겪고 있는데, 그 자신과 다른 사람들이 번번이 그 고통에 대해 기도하지만, 그 고통은 떠나지 않고 여전히 남아 있다. 바울처럼, 아마도 윌리엄 윌버포스처럼, 나는 하나님이 내 친구에게 이 어려움을 허락하심으로 오히려 예수님의 은혜가 넉넉함을 보여 주시리라 믿는다.

우리는 늘 하나님이 행하시는 놀라운 일을 찾고 그에 대한 믿음을 가져야 한다. … 또한 때에 따라 일하시는 하나님의 방법을 신뢰해야만 한다.

고린도 교인들이 이해하길 바울이 간절히 원했던 것이 바로 이것이었다. 하지만, 고린도 교인들은 그들 사이에서 이루어졌던 진정한 표적들(아마도 기적을 가리키는 것일 수 있다)을 보았음에도 불구하고, 오히려 "지극히 크다는 사도들"의 능력을 중요하게 여겼다(고후 12:11-12; 고전 12:10과 비교해 보라). 일종의 유치한 질투심과 감사하지 않음, 그리고 거짓 교사들의 영향력으로 인해 고린도 교인들은 바울의 사랑과 지도력에서 멀어져 스스로 그릇된 길로 빠져들었다(고후 12:13). 이제 바울은 전에 가졌던 그 마음으로 다시 한 번 그들에게 찾아올 것이었다. 이들을 다시 예수님의 길로 돌이키기 위해 자신의 사역에 대한 대가를 전혀 바라지 않고 자기 자신을 내주는 그런 사람의 마음으로 말이다. 바울이 이렇게까지 행동했던 이유는 바로 그가 고린도 교인들의 영적 부모였기 때문이다(고후 12:14-18).[8]

반드시 일어나야만 하는 변화

바울은 그가 고린도 교인들 앞에서 스스로를 변명하는 것이 아니라 "그리스도 안에서 하나님 앞에 … 이 모든 것은 [너희의] 덕을 세우기" 위해 말하고 있음을 강조함으로써 자신의 사도직과 사역 방식에 관한 개인적인 변호를 마친다(고후 12:19). 여기서 올바르게 세워져야 할 사람은 바울이 아니다. 바로 고린도 교인들이다. 우리가 여기서 궁금한 점이 있다면 이것이다. "정말로 바울이 염려하고 있었던 것은 무엇이었는가?" 바울은 우리를 위해 그것이 무엇인지 명확히 알려 준다. 바울은 자신이 고린도 교인들에게 갔을 때, 자신이 바라는 것 곧 하나님의 방법대로 살아가는 모습을 그들에게서 찾아볼 수 없을까 염려한 것이다. 바울은 말한다. "내가 갈 때에 너희를 내가 원하는 것과 같이 보지 못하고 또 내가 너희에게 너희가 원하지 않는 것과 같이 보일까 두려워하며 또 다툼과 시기와 분 냄과 당 짓는 것과 비방과 수군거림과 거만함과 혼란이 있을까 두려워하고"(고후 12:20).[9] 흥미롭게도, 바울은 고린도 교인들이 **바울 자신** 안에서 **그들이** 바라는 것을 찾지 못할까 염려한다고도 말한다. 바울은 자신의 사역에 대해 열등감을 느끼지 않는다고 강조했지만, 고린도의 일부 교인들이 여전히 겉으로 드러나는 것들에만 치중하다 보면 바울이 열등감을 가지고 있다고 느낄 수 있다고 강조한다. 여기서, 문제는 바울에게 있는 것이 아니었다. 오히려 문제는 몇몇 고린도 교인들이 바울이 보여 주었으면 하고 그에게 바라는 이미지들에 있었다. 만약 그들이 여전히 거짓 복음을 믿고 있다면, 이들은 바울에 대해 잘못된 기대를 하고 있었을 것이고 그것은 갈등의 근원이 될 수 있었다.

바울은 또한 그가 고린도에 도착했을 때, "하나님이 나를 너희 앞에서 낮추실까 두려워하고 또 내가 전에 죄를 지은 여러 사람의 그 행한 바 더러움과 음란함과 호색함을 회개하지 아니함 때문에 슬퍼할까 두려워"한다고 말한다(고후 12:21; 고전 5:1-13과 비교해 보라). 고린도 교회에 암울하게 깔려 있는 것은 바로 이 어두움이었고, 바울은 그것이 고린도 교회를 파멸시킬 것을 알고 있었다. 이런 이유로 바울은 슬퍼했다. 그리고 정확히 이것은 계속되는 죄가 우리에게 가져오는 일이다. 우리는 스스로를 이 어두움으로부터 분리시켜야 한다. 그럴 때, 우리는 승리하신 그리스도의 능력 안에서 어두움과 맞서 싸우고 그것을 물리칠 것이다(고후 7:1).

진리에 도달하다

어두움의 정체를 확인하면서 나타나는 반응으로서 우리는 슬퍼하고 후회해야 한다. 그러고 나서 우리는 그 어두움을 이겨 낼 수 있는 하나님의 방법을 받아들여야 한다. 우리는 어두움과 맞서 싸우고, 빛으로 어두움을 이기는 그리스도의 능력을 강조해야 한다. 그 싸움의 일환으로서 다른 이들을 그 빛으로 인도하는 것이 우리의 의무다. 하지만 우리는 진리를 드러낼 때 반드시 조심해야만 한다. 고린도 교인들은 그 방법에 있어 부주의했다. 그들은 바울(그리고 아마도 다른 사람들)에 대해서 완전히 거짓인 말로 비난했고, 계속 저지르고 있는 명백한 죄에 대해 정죄하는 것도 제대로 해내지 못했다. 이러한 일을 바로잡기 위해 바울은 고린도 교인들에게 어떤 지침을 제공한다. 내가 생각하기로 그것은 오늘날 우리가 지침으로 삼고 살아가야 하는 것이기도 하다. "두세 증인의 입으로 말마다 확정하리라"(고후 13:1; 신 19:5; 17:6과 비교해 보라; 마 18:16; 딤전 5:19과 비교해 보라). 누군가가 잘못 고발당하는 일은 쉽게 일어난다. 그래서 우리는 여러 사람들에게 혐의를 확증하도록 함으로써 이를 판단할 수 있다.

바울은 어떤 혐의를 입증하기 위해 증인들을 세워야 한다는 점을 간과하지 않는다. 바울은 두 번째 방문("근심 어린 방문")에서 그랬던 것처럼, 그가 고린도에 도착했을 때 거짓을 결코 용납하지 않을 것이라고 고린도 교인들에게 경고한다(고후 13:2-3).[10] 그리고 바울은 반드시 바로잡아야 할 사람들 곧 "지극히 크다는 사도들"과 회개함 없이 계속해서 그런 역겨운 죄를 저지르는 모든 사람을 직접 대면할 것이었다. 바울은 고린도 교인들의 교묘한 술책을 훤히 꿰뚫어 보고 있었다. 바울은 자신이 그런 대담한 행동을 취하기에는 너무 유약하다고 고린도 교인들이 여기고 있음을 알고 있었다. 하지만 이것은 사실과는 정반대였다. 바울은 이 모든 것의 실제 대상이 되는 예수님께로 주의를 환기시켜 이러한 사실을 강조했다.

> 그리스도께서 약하심으로 십자가에 못 박히셨으나 하나님의 능력으로 살아 계시니 우리도 그 안에서 약하나 너희에게 대하여 하나님의 능력으로 그와 함께 살리라 너희는 믿음 안에 있는가 너희

자신을 시험하고 너희 자신을 확증하라 예수 그리스도께서 너희 안에 계신 줄을 너희가 스스로 알지 못하느냐 그렇지 않으면 너희는 버림받은 자니라 (고후 13:4-5)

이들은 자신의 삶 속에서 예수님이 드러나는 것을 보고 있는가? 아니면 단지 자기 형상이 드러나는 것을 보고 있는가? … 우리는 우리 안에서 그리스도를 발견하는가? 아니면 우리 자신만을 발견하는가?

자, 이것은 고린도 교인들을 위해 준비된 평가 기준이다. 이들은 자신의 삶 속에서 예수님이 드러나는 것을 보고 있는가? 아니면 단지 자기 형상이 드러나는 것을 보고 있는가? 이것은 동일하게 우리가 스스로에게 물어야 할 질문이다. 우리는 우리 안에서 그리스도를 발견하는가? 아니면 우리 자신만을 발견하는가? 바울과 고린도 교인들을 서로 연결시켜 주는 분은 바로 예수님이지, 다른 그 무엇이 아니다. 오직 예수님이면 충분하다!

고린도후서 13장 6절에 나오는 비꼬는 말에서 볼 수 있듯이 바울은 고린도 교인들 앞에서 검증받는 것을 두려워하지 않았다. 하지만 그는 고린도 교인들의 상황에 대해선 분명히 기도하는 심정이었다(고후 13:6-7). 바울은 스스로 의로워지길 원치 않았다. 다만, 그는 사람들이 예수님을 위해 의로운 삶을 살아가는 것을 보길 바랐다. 이것이야말로 그리스도인으로서 우리가 늘 가져야 할 바람이어야 한다. 이것은 이기고 지는 문제가 아니다. 이것은 예수님의 승리에 관한 모든 것이다. 만약 우리가 예수님을 위해 살고 있다면, 우리는 바울이 할 수 있었던 말을 똑같이 할 수 있을 것이다.

> 우리는 진리를 거슬러 아무것도 할 수 없고 오직 진리를 위할 뿐이니 우리가 약할 때에 너희가 강한 것을 기뻐하고 또 이것을 위하여 구하니 곧 너희가 온전하게 되는 것이라(고후 13:8-9)

우리는 바울이 쓰고 말했던 것처럼 쓰고 말해야 한다. 그렇게 할 때의 목적은 사람들이 예수님께 나아와 온전히 헌신하는 삶을 살고, 어둠으로부터 분리되어 살아 계시고 부활하신 분과 연합하는 것을 보기 위한 것이어야 한다(고후 13:10). 그리고 하나님께서 우리에게 그분의 일을 할 권세를 주실 때, 우리는 그 권세를 하나님의 영광, 오직 그분의 영광을 위해서만 사용해야 한다.

| 읽어 볼 글들 |

- 고린도후서 11:7-13:10
- 로마서 11:13-12:2

| 생각해 볼 질문 |

01 바울이 고린도에서 보게 될까 봐 염려했던 죄의 목록을 자세히 살펴보라 (고후 12:20-21). 이 죄들 중에서 당신이 짓고 있거나 피하려고 애쓰는 죄는 무엇인가? 이 죄로부터 자유로워지기 위해 이 죄들을 빛 앞으로 가져오라. 당신은 누구에게 당신의 죄를 고백할 수 있는가? 당신의 어두움을 끊어 내기 위해 어떤 행동을 할 계획인가?

02 당신이 기독교 지도자들에 대해 현재 가지고 있는 기대들 중에서 실제로 경건하지 않은 기대는 무엇인가? 이러한 기대들을 어떻게 바꿀 수 있을까?

03 당신에 대한 기대 중 경건하지 않은 기대는 무엇인가? 이러한 것을 어떻게 바꿀 수 있는가? 삶의 중심을 그리스도께 두고 어두움을 끊어 내기 위해 당신이 할 수 있는 일은 무엇인가?

11장

결론

영화 「반지의 제왕: 왕의 귀환」의 결말에서 프로도는 이렇게 말한다. "친애하는 샘에게, 늘 그렇게 둘로 나뉘어서 살 수는 없어. 너는 오래도록 하나이어야 하고 온전해져야 해. 너는 즐기고 싶은 것도, 하고 싶은 것도 참 많잖아. 그렇게 너의 이야기를 이어 나가게 될 거야."[1] 프로도는 그 반지를 짊어졌던 고통스러운 과거 그 이후의 삶이 결코 전과 같지는 않을 테지만, 그 삶은 새롭게 살기로 준비된 사람들을 위해 다시 세워질 수 있음을 알고 있었다. 그의 친구인 샘은 창조 세계의 아름답고 푸른 초원에서, 그리고 아름다움과 진리를 중심으로 하는 샤이어에서 새로운 삶을 시작해야만 한다.

마찬가지로, 고린도 교인들도 그리스도를 중심으로 새로운 삶을 시작해야만 했다. 아직 그들에게는 만들어 가야 할 이야기가 많이 남아 있었다. 그리고 바울은 하나님의 커다란 이야기의 일부로서 그 이야기가 들려지기를 원했다.

나는 이 이야기가 얼마나 아름다운 이야기인지 알고 있다. 왜냐하면, 난 그것을 내 두 눈으로 똑똑히 보았기 때문이다. 나는 아내의 푸른 바다와 같은 눈동자 속에서 아름다움과 진리와 희망을 본다. 그것은 깊은 침체와 비참함 가운데 있었던 몇 년 전에는 결코 볼 수 없었던 것이다. 이것은 매일 떠오르는 나의 무지개이며, 하나님의 언약을 상기시켜 주는 것이다.

나는 내 사역이 회복되었을 뿐 아니라 그리스도께서 주신 자유 곧 그리스도와의 관계를 구축하고 다른 것들은 접어 두는 방식으로 내 사역에 가장 좋은 것을 선택할 수 있는 자유 안에서 강해졌음을 본다. 마찬가지로 나는 개인적 삶에 있어서도 동일하게 결정할 수 있다. 어떤 관계가 해로움을 주는 것일까? 이런 관계들 중에서 어떤 것이 나를 성장시켜 주는 것일까? 세상처럼 되고 다른 사람들처럼 되는 대신에, 어떻게 하면 세상을 변화시키고 사람들을 예수님께로 인도할 수 있을까?

나는 사자와 하이에나로부터 벗어나 자유를 얻었고, 얼룩말과 가젤과 함께 삶을 즐기고 있다. 나는 주위에 있는 그리스도인 친구들의 도움으로 무엇이 하나님의 뜻이고 무엇이 하나님의 뜻이 아닌지를 판단하기 위해 모호한 영역들을 시험해 보는 분별력 있는 삶을 살게 되었다. 그리고 이제 나는 오로지 어두움만을 드러내는 사람들과의 관계를 끊어 낼 때가 언제인지를 분명하게 안다. 왜냐하면, 나는 기도하고 있으며 다른 사람들에게 경건한 조언을 구하기 때문이다. 그 결과, 내 삶은 훨씬 더 강건해졌다. 이제 나는 세상 속에서, 시장에서, 도시에서, 그리고 하나님이 창조하신 사람들과 피조물들 속에서 드러나는 하나님의 일하심을 볼 수 있다.

또한 나는 책임감을 가지고 예수님을 위해 사는 삶이 가진 자유를 알고 있다. 나는 이전에 나를 괴롭혀 왔던 죄들로부터 자유로워졌고, 내 삶 속에서 표면적으로 드러나는 다른 죄들을 극복하기 위해 꾸준히 노력하고 있다. 투명함 속에서 어두움이 숨을 수 있는 곳은 거의 없다.

아직도 가야 할 길이 멀지만, 하나님의 이야기가 나의 이야기와 함께 엮여 갈 뿐 아니라 더 나아가 하나님의 이야기가 나의 이야기를 압도하기를, 그리고 사로잡기를 고대하고 있다. 나는 내 삶이 더욱더 그리스도를 중심에 두기를 기대한다. 어두움과 예수님 사이에서 둘로 나뉘어져 사는 것이 아니라 그리스도의 부활 생명 안에서 온전하게 되는 삶 말이다.

우리는 삶의 중심을 예수님께 두고, 가난한 자들을 돌보며, 땅끝까지 복음을 전하도록 부름받았다. 그리고 우리가 하는 모든

> 투명함 속에서 어두움이 숨을 수 있는 곳은 거의 없다.

일, 어둠과 연관된 모든 것은 이 사역에 영향을 줄 수 있다. 우리가 그리스도를 삶의 중심에 둘 때, 나아지는 것은 우리의 삶뿐만이 아니다. 우리가 살아가는 온 세상이 나아진다.

바울은 고린도후서에서 우리에게 두려움 없는 사람의 모습을 보여 주었다. 그는 어두움을 끊어 내고 그리스도를 중심에 두는 것이 무엇인지를 가르쳐 준다. 또한 바울은 우리에게 그렇게 하는 것이 얼마나 아름다운지를 보여 준다.

바울은 지금 세 번째 고린도 방문에서 비록 이전의 고린도 방문이 고통스러운 것이었지만, 고린도 교인들에게 책임 묻는 것을 두려워하지 않을 것이라고 넌지시 말한다(고후 2:1; 12:20-21; 13:1). 바울은 고린도 교인들이 오만함과 그들이 듣고 싶은 말만 전하는 "지극히 크다는 사도들"에 대한 사랑을 버리고, 다시 예수님의 말씀을 따르기 시작해야 할 때임을 알고 있었다. 애석하게도 고린도 교인들의 삶은 그리스도의 영역보다 사탄의 영역과 더 부합하고 있었다. 이런 상황은 반드시 바뀌어야만 했다(고후 6:15). 바울이 그들에게 이런 이야기를 하지 않는다면 누가 하겠는가?

바울은 고린도 교인들을 그리스도께 인도한 그 교회의 개척자였으므로, 그들에게 "근심 어린" 말을 하도록 허용되는 사람이 있다면 그 사람은 바로 바울일 것이다(고후 10:14; 11:5). 고린도후서를 보면 바울은 고린도 교인들이 바울 자신을 다시 존중하는 법을 배우고 정결한 삶을 살 뿐 아니라, 땅끝까지 복음 전하는 일과 도움이 필요한 다른 믿는 자들을 지원하는 일에 있어 자신과 함께하기를 바랐다(고후 8:9-15; 9:1-7; 10:13-18). 바울은 지금 한 치 앞도 알 수 없는 상황에 놓인 것은 고린도 교인들의 삶뿐 아니라 다른 믿는 자들의 삶도 그러하다고 생각했다.

바울은 고린도 교인들을 위해서 좀 더 선을 넘는다. 하지만 그럼에도 불구하고 무례하기 짝이 없는 "지극히 크다는 사도들"이 그랬던 것처럼 바울이 자신의 사역을 변호하기 위해 고린도 교인들 앞에서 자랑해야 한다면, 그는 자기가 가진 약함을 자랑할 것이었다. 왜냐하면 이것이야말로 진정으로 예수님이 누구신지를 보여 주는 것이기 때문이다(고후 12:5-6, 10; 12:8). 바울은 고린도 교회가 마땅히 그리스도인이 해야 할 방식을 따라서 응답할 수 있도록 자신이 반드시 해야 할 일을 할 것이다(고후 13:4-5). 고린도 교인들은 바울의 말을 반박해서는 안 되었다. 그 대신 그들은 가난한 성도들을 구제하는 일과 아직까지 예수님의 이름을 듣지 못한 사람들에게 복음 전하는 일에 바울과 함께해야 했다.

이제 나는 당신이 예수님을 온전하게 삶의 중심에 두고 어두움을 끊어 내도록 감동을 주기 위해 바울의 마무리 인사말을 인용하면서 이 이야기를 마치고자 한다(고후 13:11-13).

마지막으로 말하노니 형제들아 기뻐하라 온전하게 되며 위로를 받으며 마음을 같이하며 평안할지어다 또 사랑과 평강의 하나님이 너희와 함께 계시리라 거룩하게 입맞춤으로 서로 문안하라 모든 성도가 너희에게 문안하느니라 주 예수 그리스도의 은혜와 하나님의 사랑과 성령의 교통하심이 너희 무리와 함께 있을지어다

부록 A

바울 신학에서의 육신과 율법

하나님의 백성으로서 사는 것은 참된 그리스도인에게는 큰 짐이 될 수 있는 도전이다. 우리는 그리스도와 함께 부활하거나, 아니면 반복해서 죄의 길에 빠질 것이다. 그리스도인에게 큰 어려움들 중 하나는 바로 이 길 가운데를 항해하는 것이다. 이런 도전들은 고린도후서에서 바울의 생각에 이미 자리하고 있었다.

죄를 미워하면서 인간이 되다

바울은 죄를 미워하며, "죄"(sin)와 상응하는 거의 같은 말로서 "육신"(flesh)이라는 단어를 사용한다. 바울은 이렇게 말한다. "우리가 육신에 있을 때에는 율법으로 말미암는 죄의 정욕이 우리 지체 중에 역사하여 우리로 사망을 위하여 열매를 맺게 하였더니"(롬 7:5). 그리고 또 이렇게 말한다. "내 속 곧 내 육신에 선한 것이 거하지 아니하는 줄을 아노니 원함은 내게 있으나 선을 행하는 것은 없노라"(롬 7:18). 이러한 내용들은 우리에게 명백한 딜레마를 보여 준다. 그 딜레마란 어떻게 우리가 육신을 가진 인간이면서 우리의 육신을 미워할 수 있는가 하는 것이다.

그렇다면 우리는 육신에 속한 모든 것을 버려두고 오직 영적인 것만을 갈구해야 하는가? 우리는 옛날 어떤 승려들처럼 좀 더 영적인 사람이 되기 위해 우리의 몸을 학대해야 하는가? 우리는 자기 몸 보살피기를 멈추고 형편없는 음식들로 배를 채워야 하는가? 우리는 영혼이 이미 구원받았기 때문에 우리가 가진 몸으로 우리가 원하는 대로 해도 되는 것인가?(몇몇 고린도인들이 이렇게 행하고 있었던 것으로 보인다.) 바울이 육신과 영을 대조했을 때 의도했던 바가 이런 것들인가?

이러한 주장들 중 어떤 것도 바울의 세계관과 부합하지 않는다. 고린도전서에서 바울은 이렇게 묻는다. "너희 몸은 너희가 하나님께로부터 받은 바 너희 가운데 계신 성령의 전인 줄을 알지 못하느냐 너희는 너희 자신의 것이 아니라"(고전 6:19). 그 외에, 바울은 고린도후서 6:16에서 이렇게 묻는다. "하나님의 성전과 우상이 어찌 일치가 되겠습니까? 우리는 살아 계신 하나님의 성전입니다. 하나님께서 이렇게 말씀하신 것과 같습니다. '내가 그들 가운데서 살며, 그들 가운데로 다닐 것이다. 나는 그들의 하나님이 되고, 그들은 내 백성이 될 것이다.'"[1]

바울에 따르면, 우리는 진정 하나님의 성전이다. 우리 자신이 하나님의 성전이고, 하나님의 성전은 우리 안에 있다. 바울은 인간 됨을 경멸하지 않는다. 다만, 바울은 인간성 안으로 기어들어온 부패한 본성을 경멸한다. 육신은 선천적으로 악한 것이 아니다. 그러나 우리 인간이 가진 욕망은 종종 악하다. 하나님은 그분의 피조물인 우리(우리의 몸을 포함하여)를 사랑하신다. 그리고 하나님은 그분의 피조 세계에 존재하는 악을 정복하기 위해 우리가 가진 모든 것을 사용하고 계신다. 스티븐 런지(Steven E. Runge)는 이렇게 말한다.

> 예수님의 죽음과 부활은 죽음을 단번에 그리고 모두를 위해 정복했을 뿐 아니라, 신자들이 새 생명을 얻도록 해 주었다(롬 6:4; 골 3:1-3). 바울은 육신(flesh)과 영(spirit) 사이에 놓인 이중적 구분을 설명한다. 육신은 본래 완벽했지만 아담을 통해 세상에 들어온 죄의 결과로서 지금은 죽을 수밖에 없고 부패할 수밖에 없는 그런 하나님의 피조물을 가리킨다(롬 5:12). 영은 우리 존재의 본질이며, 우리의 물질적인 몸이 죽은 후에 계속해서 살아갈 우리의 일부분이다. 바울은 고린도후서 4:16에서 이 둘을 대조하며, 우리의 겉사람은 부패하고 우리의 속사람은 새로워진다고 말한다.[2]

바울의 생각에 따르면, 영은 육신을 이겨 낼 수 있다. 이것이 바로 우리가 영적 부활을 이해하는 방식이다(고전 15:44). 이것은 바울이 어딘가에서 말한 것처럼 우리가 마음을 새롭게 함으로써 변화를 받는 방법이다(롬 12:2). 이것은 고린도 교인들이 우상에게 바쳐진 고기인 줄 알면서 그것을 먹지 말아야 하고 음행을 멀리해야 하는 이유다(고전 8:10-13; 6:13). 이런 생각이 바로 고린도후서 6:14에서 바울이 "너희는 믿지 않는 자와 멍에를 함께 메지 말라"라고 말한 배경이다. 바울은 단지 그리스도인이 비-그리스도인과 결혼하는 문제에 대해서만 이야기하는 것이 아니다(고린도후서에서 결혼에 관한 주제가 한 번도 제기된 적이 없음에도 불구하고 많은 사람들이 이 구절을 결혼 문제와 관련해서 언급하고 있다). 바울은 지금 당신의 행동과 가치(당신의 결혼을 포함해서)에 영향을 주는 모든 사람과 모든 관계에 대해 이야기하고 있는 것이다.

만약 하나님이 우리의 부패한 육신을 구속하시고, 우리를 그분의 형상으로 다시 빚어 가신다면, 우리는 그 과정에서 하나님과 함께 이 일들을 이루어 가기 위해서 힘든 결정들을 내려야만 할 것이다(고후 4:4). 우리는 우리 삶의 가장 중요한 부분들이, 스스로의 삶을 무가치하게 여기고 하나님과 동역하기를 거부한 사람들의 영향력 아래 놓이게 되는 일을 그대로 두고 볼 수 없다. 이것은 가족 관계, 사업 관계, 그리고 나에게 영향을 주는 친구 관계를 포

만약 하나님이 우리의 부패한 육신을 구속하시고, 우리를 그분의 형상으로 다시 빚어 가신다면, 우리는 그 과정에서 하나님과 함께 이 일들을 이루어 가기 위해서 힘든 결정들을 내려야만 할 것이다.

함한다. 바울은 여기서 그리스도인과 비-그리스도인의 대립 구도를 말하는 것이 아니다. 지금 바울은 제자도의 수준이 어떠해야 하는지를 이야기하는 것이다. 교회 내에서 그토록 많은 문제들이 발생하고 있었던 고린도 교인들의 상황은 영적인 성숙함과 헌신이 도달해야 할 수준이 있음을 우리에게 가르쳐 준다. 바울은 우리가 헌신의 수준에 맞춰 멍에를 함께 메기를 기대한다.

이러한 내용은 바울이 근친상간의 문제가 있던 사람에 대해 언급할 때 전면으로 등장한다. 바울은 고린도 교회 공동체에게 "이런 자를 사탄에게 내주었으니 이는 육신은 멸하고 영은 주 예수의 날에 구원을 받게 하려 함이라"라고 말한다(고전 5:5). 이 표현을 통해서 바울은 끊임없이 악을 행하다가 교회에서 쫓겨난 사람이라도 궁극적으로는 회개에 이를 수 있다는 것을 알려 준다. 이러한 회개는 육신을 변화시켜 결국에는 구원에 이르게 하는 영의 활동을 나타낸다.[3]

복음은 계속해서 죄짓도록 허락해 주는 것도, 인간 됨을 부인하는 것도 아니다. 복음은 우리 존재 전체의 구속에 관한 것이다. 우리는 그리스도 안에서 "새로운 피조물"이다(고후 5:17). 예수님은 우리가 계속해서 죄를 지을 수 있게 하려고 죽으신 것이 아니라, 우리가 죄를 이길 수 있게 하려고 죽으셨다. 이처럼 예수님은 모든 것이 구원받을 수 있도록 죽으셨다. 예수님은 당신의 일부가 아니라 당신의 **전부가** 변화되길 원하신다. 예수님이 우리를 변화시키실 때, 우리는 하나님의 형상대로 사는 법을 배우게 될 것이다.

하나님의 형상을 지니는 것은 정확히 예수님께서 하셨던 일이다. 예수님은 완전한 인간임과 동시에 완전한 하나님이셨다. 그분은 이것이야말로 진정한 사람 됨을 뜻하는 것임을 보여 주셨다. 인간의 육신을 취하신 예수님은 육신이 악한 것은 아니지만 우리가 육신을 가지고 하는 일이 악할 수 있음을 가르쳐 주셨다. 바울은 더 나아가 이렇게 말한다. "우리의 씨름은 혈과 육을 상대하는 것이 아니요 통치자들과 권세들과 이 어둠의 세상 주관자들과 하늘에 있는 악의 영들을 상대함이라"(엡 6:12). 다른 곳에서 바울은 죄에 맞서 싸우는 것이 어려운 일임을 이야기한다. "내 속 곧 내 육신에 선한 것이 거하지 아니하는 줄을 아노니 원함은 내게 있으나 선을 행하는 것은 없노라"(롬 7:18). 인간 됨 또는 물질적인 몸을 갖는 자체가 나쁜 것은 아니다. 그러나 바울이 은유적으로 "육신"이라고 표현한 것처럼 우리의 이기적 욕망을 따라 사는 것이 나쁜 것이다.

이러한 어려움을 극복하기 위해서는 우리 삶에 가장 많은 영향을 미치는 사람들의 영적 성숙함의 수준이 우리와 같거나 혹은 조금 더 높아야 한다. 우리는 그들의 육신 속에서 영을 따라 살 수 있는 능력을 발견해야 한다. 우리는 이들이 자신이 가진 모든 것으로 하나님을 사랑하고, 그 결과 이웃을 자기 자신처럼 사랑하기 위해 노력하는 모습을 보아야 한다(마 22:39; 막 12:31). 이것이야말로 그리스도인이 누구인지를 알려 주는 진정한 표시다(요일 2:3, 15; 3:10).

사랑과 율법

고린도후서의 거의 대부분의 내용에서 바울은 우리가 여전히 인간이면서도 동시에 어떻게 하나님의 뜻을 따라서 살아가는지에 관한 논쟁을 다루고 있다. 이 논쟁과 일맥상통하는 것은 유대교 율법에 대한 바울의 언급이다.[4] 이 주제에 관한 바울의 비판과 사유는 매우 진지하다. 바울의 비판과 사유는 오늘날 성령의 인도를 따르기보다 단순히 성경의 지침을 따라서 살고자 하는 우리를 위한 메시지다. 또한 이러한 것들은 기독교를 단순히 일련의 규칙들로 만들어 버리려는 우리를 위해 조언해 준다. 예수님은 우리에게 그것 이상을 원하시고 또 바라신다.

바울은 영과 육신을 대조하면서, 그와 동시에 하나님의 영과 율법을 대조한다(고후 3:7-18; 갈 3:2과 비교해 보라). 바울은 "돌에 써서 새긴 죽게 하는 율법 조문의 직분"을 언급하며, 그것은 모세가 율법을 받을 때 모세의 얼굴에 비치던 영광처럼 "없어질" 것이라고 말한다(고후 3:7). 그러나 하나님이 우리에게 주기 원하시는 것은 그냥 없어질 영광이 아니다. 하나님은 우리가 길이 살길 원하신다. "없어질 것도 영광으로 말미암았은즉 길이 있을 것은 더욱 영광 가운데 있느니라"(고후 3:11). 이제 우리는 영광이 더욱 넘치는 "의의 직분"을 행하는 백성으로 살아가야 한다(고후 3:9).

오늘날 우리는 "그와 같은 형상으로 변화하여 영광에서 영광에 이르니 곧 주의 영으로 말미암음"으로 하나님의 자유 안에서 살아간다. 이것이 우리 삶을 향한 하나님의 바람이다.

율법이 사람을 구원하지 않는다. 니제이 굽타(Nijay K. Gupta)가 말했듯이, "토라는 스페어타이어와 같다."[5] 율법은 정해진 기간 동안에는 그 일을 감당하지만, 장기적인 해결책은 될 수 없다. 게다가, 우리는 타이어를 터트릴 수도 있고, 스페어타이어를 어떻게 사용하는지도 모른다. 그래서 우리는 그것이 쓸모없는 것이 되도록 만든다. 율법 안에서는 그리고 율법 그 자체로는 우리의 문제들을 다 다룰 수 없다. 율법을 적절하게 사용하는 것은 한시적으로만 이스라엘을 지탱해 주었다. 마찬가지로, 성령의 사역은 오늘날 우리의 문제들을 처리할 수 있다. 하지만, 우리가 성령의 사역 율법은 정해진 기간 동안에는 그 일을 감당하지만, 장기적인 해결책은 될 수 없다.

을 무시한다면, 우리는 또한 이를 쓸모없는 것으로 만들어 버리는 것이다. 그 결과, 우리는 우리 가운데에서 작동하는 훨씬 더 큰 힘에 접속할 수 있음에도 불구하고, 오로지 육신만을 따라서 살게 된다.

그리고 이것이야말로 우리가 "육신" 혹은 하나님의 영보다 훨씬 덜한 율법에 따라서 사는 사람들이 우리 삶에 주요한 영향력을 행사하도록 허용하는 것이 그토록 위험한 이유다. 이러한 사람들은 우리의 삶 가운데 역사하는 하나님의 능력 없이도, 우리의 일은 우리 스스로 해결할 수 있다고 우리에게 확신시킬 것이다. 이들은 우리에게 육신을 따라, 우리가 속한 문화의 방식을 따라 옳은 것처럼 보이는 일들을 알려 줄 것이다. 하지만 그런 방식은 오로지 우리를 잘못된 길로 인도할 뿐이다. 하나님의 길은 우리의 길과는 다르다.

부록 B

바울과 "셋째 하늘"

존 D. 배리 / 마일스 커스티스

고린도후서 12:1-2에서 바울은 그가 어떻게 "셋째 하늘에 이끌려" 갔는지를 묘사한다(고후 12:2). 두 구절 뒤에, 바울은 그가 "낙원으로 이끌려" 갔다고 덧붙인다(고후 12:4). 바울은 "셋째 하늘"과 "낙원"을 동의어로 배치하면서 하늘에는 세 단계가 있음을 의미한 것일 수 있다. 만약 그렇다면, "몸 안에 있었는지 몸 밖에 있었는지"(고후 12:2)라고 번역되는 바울의 반복되는 문구는 히브리 시에 비교할 수 있을 만한 대구법이다. 그렇지 않다면, 바울은 "낙원"이 "셋째 하늘"보다 더 높다는 것을 암시할 수도 있다. 바울은 하늘을 통과해서 고린도후서 12:3에 나오는 셋째 하늘로, 그리고 고린도후서 12:4에 나오는 더 높은 차원의 하늘로 이동하고 있었을 수 있다.

고대 우주론에 따르면, 하늘은 일곱 단계가 있었다. 곧 상공(上空, the sky: 여기서는 이후에 나오는 the heaven과 구분하기 위해 the sky를 '상공'으로 번역한다. – 역자 주), 구름, 구름 위의 상공, 궁창, 궁창 위의 물들, 하늘, 하나님이 계시는 하늘의 하늘이다. 삼층천에 대한 관점에서는, 첫째 하늘을 눈에 보이는 상공 혹은 "궁창"으로(창 1:8 참조), 둘째 하늘을 "하늘들" 혹은 "하늘들" 사이를 구분하는 것("하늘 위에 있는 물들"; 시 148:4)으로, 그리고 셋째 하늘을 "하늘의 하늘" 혹은 "가장 높은 하늘들"(왕상 8:27; 시 148:4)로 이해한다. 이 모든 관점은 장소에 대해서는 동의하지만, 그 장소들을 다르게 이름 붙인다.

아마도 바울은 자기 시대보다 수백 년 전에 쓰인 유대교의 위경 문헌을 배경으로 하여 이를 구상했을 것이다. 포로기 이후 많은 문서가 천상에 대한 환상을 보거나 천상을 향해 여행을 떠나는 인물들에 대해 묘사한다. 이들은 전형적으로 천상을 몇 가지 단계가 있는 것으로, 혹은 여러 다른 하늘들이 있는 것으로 묘사한다.

이러한 기록들 중에서 대다수는 하늘을 일곱 단계까지 묘사한다(에녹 2서 21:2 참조). 만약 바울이 이러한 자료들을 가지고 설명하는 것이라면, 그는 "낙원"이 "셋째 하늘"보다 더 높은 곳에 있음을 암시하는 것일 수 있다. 다른 기록들은 오로지 세 개 층의 하늘만을 묘사할 뿐이다. 예를 들어, 모세의 묵시록은 천사장 미가엘이 아담의 몸을 그가 미래에 있을 부활을 기다릴 장소인 "낙원" 혹은 "셋째 하늘"로 데려가는 것을 묘사하면서 이 둘을 함께 연결한다(모세의 묵시록 37:5). 이러한 텍스트들을 근거로 하면, 바울은 "셋째 하늘"과 "낙원"을 같은 의미로 사용하고 있었을 가능성이 있다.

하늘을 세 개의 층으로 묘사하는 또 다른 기록은 레위 언약서다. 아마도 바울은 특별히 이 자료를 가지고 구상하려 했을 것이다. 이 자료를 보면 레위는 꿈을 꾸는 중에 하늘로 들어간다(레위 언약서 2:5-12). 그는 세 개의 하늘들을 묘사한다. 그중 셋째 하늘은 "거룩한 자들"을 위한 것이다(레위 언약서 3:1-3). 그리고 둘째 하늘은 "벨리알"을 심판하기 위해 기다리고 있는 하나님의 군대가 있는 곳이다. 또한 바울은 고린도후서 6:14-15에서 그리스도와 벨리알(또한 빛과 어둠)을 대조할 때, 레위 언약서를 가지고 설명하고 있었을 것이다. 레위 언약서 19:1은 이렇게 말한다. "너 자신을 위해 빛 아니면 어두움을, 여호와의 율법 아니면 벨리알의 일을 선택하라."

아마도 바울은 자신이 하나님의 임재 안으로 이끌린 경험을 묘사하고 있었을 것이다. 레위 언약서에서 말하는 것처럼, "모든 거룩함보다 더욱 뛰어난 지성소의 지극히 큰 영광이 가장 높은 하늘에 거한다"(레위 언약서 3:3). 바울은 자신의 권위를 나타내고 자신의 사역을 하나님께 임명받은 것으로 강조하기 위해 이 "환상"과

"계시"(고후 12:1)를 인용한다. 비록 이런 경험은 "특별한" 것이었지만, 바울은 스스로를 자랑하거나 높이기 위해 이러한 경험을 사용하지 않았다(고후 12:6-7).[1]

우주에 관한 고대 우주론의 분류

고대 우주론	칠층천 분류	삼층천 분류	삼층천 분류 외
하늘의 하늘	일곱째 하늘	셋째 하늘(낙원)	낙원
하늘	여섯째 하늘	둘째 하늘	셋째 하늘
궁창 위의 물	다섯째 하늘		둘째 하늘
궁창	넷째 하늘	첫째 하늘	첫째 하늘
구름 위	셋째 하늘		
구름	둘째 하늘		
상공	첫째 하늘		

학술 참고 문헌

주석 자료

Aune, David E. "Digression." Pages 132-33 in *The Westminster Dictionary of the New Testament and Early Christian Literature and Rhetoric*. By David E. Aune. Louisville, KY: Westminster John Knox, 2003.

Barry, John D., Michael S. Heiser, Miles C. Custis, Douglas Mangum, Matthew M. Whitehead, and Michael R. Grigoni, eds. *Faithlife Study Bible*. Bellingham, WA: Lexham Press, 2012.

Barry, John D., Lazarus Wentz, Douglas Mangum, Carrie Sinclair-Wolcott, Rachel Klippenstein, David Bomar, Elliot Ritzema, Wendy Widder, and Derek R. Brown, eds. *The Lexham Bible Dictionary*. Bellingham, WA: Lexham Press, 2012-2014.

Betz, Hans Dieter. "Corinthians, The Second Epistle to The." Pages 1148-53 in vol. 1 of *The Anchor Bible Dictionary*. Edited by David Noel Freedman. New York: Doubleday, 1996.

Brown, Derek R., and E. Tod Twist. *Lexham Bible Guide: 1 Corinthians*. Edited by John D. Barry and Douglas Mangum. Bellingham, WA: Lexham Press, 2013.

Brown, Derek R., Wendy Widder, and E. Tod Twist. *Lexham Bible Guide: 2 Corinthians*. Edited by John D. Barry and Douglas Mangum. Bellingham, WA: Lexham Press, 2013.

Garland, David E. *2 Corinthians*. New American Commentary 29.

Nashville: Broadman & Holman, 1999.

Harris, Murray J. *The Second Epistle to the Corinthians: A Commentary on the Greek Text*. New International Greek Testament Commentary. Grand Rapids: Eerdmans, 2005

O'Connor, J. Murphy. "Corinth." Pages 1134-39 in vol. 1 of *The Anchor Bible Dictionary*. Edited by David Noel Freedman. New York: Doubleday, 1996.

Metzger, Bruce M. *A Textual Commentary on the Greek New Testament*. 2nd ed. Stuttgart: Deutsche Bibelgesellschaft, 1994.

이차 문헌

Aland, Barbara, and Kurt Aland. *The Text of the New Testament: An Introduction to the Critical Editions and to the Theory and Practice of Modern Textual Criticism*. Translated by Erroll F. Rhodes. 2nd ed. Grand Rapids: Eerdmans, 1995.

Barry, John D. "Early Evidence of Subjective Interpretation in the Subjective Interpretation in the Pesharim of Qumran." *Revue Scriptura*, new series 9 (2007): 119-38.

Beale, G. K. "The Old Testament Background of Reconciliation in 2 Corinthians 5-7 and Its Bearing on the Literary Problems of 2 Corinthians 6:14-7:1." *New Testament Studies* 35 (1989): 550-81.

Betz, Hans Dieter. "2 Cor 6:14-7:1: An Anti-Pauline Fragment?" *Journal of Biblical Literature* 92, no. 1 (March 1973): 88-108.

Brown, Derek R. *"The God of This Age": Satan in the Churches and Letters of the Apostle Paul*. Wissenschaftliche Untersuchungen zum Neuen Testament II. Tübingen: Mohr Siebeck, forthcoming.

Childs, Brevard S. *Biblical Theology in Crisis*. Philadelphia: Westminster, 1970.

———. *The Church's Guide for Reading Paul.* Grand Rapids: Eerdmans, 2008.

———. *The New Testament as Canon.* New York: Continuum, 1992.

Fitzmyer, Joseph A. "Qumran and the Interpolated Paragraph in 2 Corinthians 6:14-7:1." *Catholic Biblical Quarterly* 23, no. 3 (July 1961): 271-80.

Martin, Ralph P. *2 Corinthians.* Word Biblical Commentary 40. Waco, TX: Word, 1986.

Steudel, Annette. "God and Belial." Pages 332-40 in *The Dead Sea Scrolls Fifty Years after their Discovery: Proceedings of the Jerusalem Congress, July 20-25, 1997.* Edited by Lawrence H. Schiffman, Emanuel Tov, James C. VanderKam, and Galen Marquis. Jerusalem: Israel Museum, 2000.

Witherington, Ben III. *Conflict and Community in Corinth: A Socio-Rhetorical Commentary on 1 and 2 Corinthians.* Grand Rapids: Eerdmans, 1995.

Wise, Michael, Martin Abegg Jr., and Edward Cook. *The Dead Sea Scrolls: A New Translation.* New York: HarperCollins, 2005.

기타 참고 문헌

Anderson, Neil T. *The Bondage Breaker*. Eugene, OR: Harvest House, 2006.

Barry, John D. *The Resurrected Servant in Isaiah*. Downers Grove, IL: InterVarsity Press, 2010.

Barry, John D., and Miles Custis. *2 Peter & Jude: Contend for the Faith*. Not Your Average Bible Study Series. Bellingham, WA: Lexham Press, 2014.

Barry, John D., Jake Mailhot, David Bomar, Elliot Ritzema, and Carrie Sinclair-Wolcott, eds. *DIY Bible Study*. Bellingham, WA: Lexham Press, 2014.

Bartholomew, Craig G. *When You Want to Yell at God: The Book of Job*. Bellingham, WA: Lexham Press, 2014.

Bartholomew, Craig G., and Michael W. Goheen. *The True Story of the Whole World*. Grand Rapids: Faith Alive Christian Resources, 2004.

Bunyan, John. *Pilgrim's Progress*. 1678. Repr., London: James Clarke, 1987.

Corbett, Steve, and Brian Fikkert. *When Helping Hurts*. Chicago: Moody, 2009.

Custis, Miles, and John D. Barry. "Paul and the 'Third Heaven.'" *Faithlife Study Bible*. Edited by John D. Barry. Bellingham, WA: Lexham Press, 2012.

Gupta, Nijay K. "The Torah: Like a Spare Tire." *Bible Study Magazine*, September/October 2010, 31.

Heiser, Michael S. "Who is the God of this World?" *Bible Study Magazine*, January/February 2014, 44-45.

Kuyper, Abraham. "Sphere Sovereignty." Pages 461-90 in *Abraham Kuyper: A Centennial Reader*. Edited by James D. Bratt. Grand Rapids: Eerdmans, 1998.

Lupton, Robert. *Toxic Charity*. San Francisco: HarperCollins, 2012.

Manning, Brennan. *Ruthless Trust*. Grand Rapids: Zondervan, 2009.

Markham, Beryl. *West with the Night*. Boston: Houghton Mifflin, 1942. Repr., New York: Farrar, Straus & Giroux, 2013.

Miller, Donald. *Searching for God Knows What*. Nashville: Thomas Nelson, 2004.

Peters, Randall Mark, Dave Phillips, and Quentin Steen. *Colors of God*. Downers Grove, IL: InterVarsity Press, 2010.

Runge, Steven E. "Spirit and Flesh in Paul's Letters." *Faithlife Study Bible*. Edited by John D. Barry. Bellingham, WA: Lexham Press, 2012.

Swindoll, Charles R. *Job: A Man of Heroic Endurance*. Nashville: Thomas Nelson, 2004.

Wilberforce, William. *A Practical View of Christianity*. 1797. Repr., Peabody, MA: Hendrickson, 1996.

주

1장. 서론: 생명 줄

1 *The Lord of the Rings: The Return of the King*, directed by Peter Jackson (Los Angeles: New Line Cinema, 2003).

2 고린도후서 전반에 걸쳐, 바울은 자신이 고린도 교회에 "약한 것"처럼 보일 수 있지만, 그의 약함은 사실상 그리스도 안에서의 강함이라는 것을 보여 주었다. 바울은 하나님이 적합하다고 여기는 방식, 곧 전적으로 하나님께 의지한다는 측면에서만 "약한 것"이다(예를 들어, 고후 6:3-13; 11:30; 12:5, 9-10; 13:4).

3 사도행전은 바울이 "일 년 육 개월"간 고린도에 머물렀다고 가장 먼저 기록한다. 이 기간 동안에 바울은 브리스길라와 아굴라(아내와 남편으로 구성된 사역 팀; 행 18:2-3, 11) 부부와 함께 천막 만드는 일을 하고 있었다. 사도행전은 그다음에 바울이 고린도에 더 오래 머물면서 많은 논쟁을 불러일으켰고, 결국에는 갈리오 총독 앞에서 재판을 받았다고 기록한다(행 18:12-17). 이 기간이 어느 정도인지는 알 수 없다. 디모데와 실라는 마게도냐에서 고린도로 내려왔다. 그리고 이들은 바울이 고린도에서 보내는 대부분의 시간 동안 그와 함께 있었다(행 18:5).

4 고린도 교인들이 앞서 바울에게 질문들로 가득한 편지를 보냈다는 설명은 고린도전서의 문답 형식에, 그리고 바울이 그 문제들이 그 당시에 해결되지 않은 문제들이었음을 알았다면 그런 실질적인 문제들을 해결하기 전에 고린도를 떠나지 않았을 것이라는 사실에 주로 근거한다.

5 고린도전서 16:10-11에 나오는 바울의 언급에 근거해서 볼 때, 아마도 바울은 고린도전서를 쓴 이후에 디모데를 고린도로 파송했을 것이다.

특별히 바울은 에베소에서 어느 정도 시간을 보낸 후에 마게도냐를 경유해서 여행한 후 고린도 교회를 방문할 것이라고 구체적으로 언급한다(고전 16:5). 하지만 사도행전은 바울이 에베소에 머문 후에 있었던 "근심스러운 방문"에 대해 어떤 기록도 남기지 않는다.

6 고린도전서 5:13과 고린도후서 6:14-7:1에 나오는 바울의 말은 구약성서에 나오는 금지 조항을 상기시킨다(신 13:5; 17:7, 12; 21:21; 22:21-22, 24; 삿 20:13).

7 바울의 "근심스러운 편지"는 우리가 고린도후서로 알고 있는 편지에 포함되었거나 고린도전서를 언급하는 것일 수 있지만, 현재 전해지지 않은 또 다른 편지일 가능성이 더 높다. 이러한 사실은 우리가 고린도후서로 알고 있는 편지를 바울이 고린도에 있는 그리스도인들에게 보낸 네 번째 편지로 간주하게 한다. (고린도후서 7:6-13에서 바울이 언급한 것은 또 다른 추가적인 편지이지 "근심스러운 편지"가 아닐 가능성도 있다. 만약 그러할 경우, 고린도후서는 실제로 바울의 다섯 번째 편지이며, 그에 앞서 두 개의 "근심스러운 편지들"이 먼저 있었던 것이다. 하지만 그중 어떤 것도 지금까지 전해지지 않는다.)

바울의 "근심스러운 편지"가 더 이상 남아 있지 않다고(마찬가지로 바울이 고린도전서 이전에 쓴 편지도 더 이상 남아 있지 않다고) 여기서 제시한 견해는 이 편지들이 고린도전서와 고린도후서에 포함되지 않았다는 견해에 근거한다. 하지만, 이 편지들이 고린도전서와 고린도후서에 포함되었을 가능성은 여전히 남아 있다.

고린도후서의 다양한 부분들에 대해 한 가지 가능한 설명은 여러 편지들이 나중에 하나의 편지로 순차적으로 결합되었다는 주장이다. 또 다른 설명은 바울이 3개월에서 9개월에 걸쳐 그 편지들을 썼다는 것이다. 이 가설의 근거와 그것을 둘러싼 논의는 Derek R. Brown, Wendy Widder, and E. Tod Twist, *Lexham Bible Guide: 2 Corinthians*, ed. John D. Barry and Douglas Mangum (Bellingham, WA: Lexham Press, 2013)에 설명되어 있다. 이 논의의 쟁점이 되는 부분은 고린도후서 10-13장이며, 이것이 그 책(혹은 바울의 "근심 어린 편지" 일 수도 있다)의 나머지 부분과는 다른 역사적 상황과 관련되어 있을 수 있다. 고린도후서 혹은 그 편지의 다양한 부분들의 정확한 연대 역시 이 논쟁에 포함되어 있다. 그러나 바울이 세 번째 선교 여행 기간에 해당하는 AD 56년의 어느 시기에 고린도후서의 여러 부분을 기록했으며, 대부분은 마게도냐(오늘날 그리스 북부 지역)에서 기록했다고 결론 내리는 것이 타당해 보인다.

고린도후서 6:14-7:1은 이 편지에서 바울의 저작권에 대한 논란이 일어나는 유일한 부분이다. 이 견해와는 대조적으로, 이 책에서 제시한 고린도후서 6:14-7:1에 대한 나의 설명은 그 편지의 나머지 부분과의 연관성을 보여 준다. 우리가 이 단락을 바울 자신이 썼다고 생각하는지의 여부와는 상관없이, 나는 그리스도인으로서 우리가 이 본문을 붙잡고 고민해야 한다고 생각한다. 왜냐하면, 이 단락은 정경인 고린도후서의 일부이기 때문이다. 더구나, 내가 고린도후서 6:14-7:1이 바울의 고유한 기록이 아니라는 것을 인정한다 하더라도, 나는 여전히 왜 편집자가-성경과 모든 초기 사본들이 정경화되기 이전 어느 시점에서-고린도후서의 이 지점에 그 내용을 삽입할 가치가 있다고 결정했는지에 대한 문제를 깊이 고민해야 한다고 본다.

궁극적으로, 나는 위에서 언급한 기본적인 이유들 때문에 고린도후서(그리고 그 문제와 관련한 모든 성경의 책들)를 정경의 형태로 해석한다. 나는 내 책, *The Resurrected Servant in Isaiah* (Downers Grove, IL: InterVarsity Press, 2010)의 서문에서, 이러한 견해를 더 자세히 논의했으며, 브레바드 S. 차일즈는 이 문제에 관한 나의 해석적 관점에 가장 많은 영향을 준 학자다. Brevard S. Childs, *Biblical Theology in Crisis* (Philadelphia: Westminster, 1970); *The New Testament as Canon* (New York: Continuum, 1992); *The Church's Guide for Reading Paul* (Grand Rapids: Eerdmans, 2008)을 참조하라.

8 바울에게 있어 고린도 교인들과의 관계는 단순한 책임을 넘어서는 것이었다고 주장할 수 있다. 바울은 그들이 예수님을 따르는 것을 확인할 의무를 하나님 앞에서 스스로 지니고 있었다. 그것은 아버지 됨과 같은 부르심이었다(고후 12:14-15).

9 고린도 교회는 분열된 것처럼 보인다. 적어도 바울이 고린도전서를 기록했을 때, 이들은 분명 그러했다(고전 1:10-16). 고린도후서에서 바울

의 언급은 이들 모두가 바울의 명령에 따라서 생활하고 그를 본받아서 살아가야 하며 그를 자신들의 지도자로 받아들여야 한다는 의미에서 고린도 교회 전체에 적용된다. 그러나 고린도 교인들 중 일부는 이미 그렇게 하고 있었고, 바울의 메시지는 그들이 이미 알고 있었던 바를 확인시켜 주고 있었을 가능성이 매우 높다.

내가 이 책에서 고린도 교인들에 대해 말할 때, (내가 달리 명시하지 않는 한) 나는 바울의 책망이 필요한 사람들에게만 초점을 맞추고 있다. 또한 나는 바울이 특정한 메시지를 전달하고자 하는 "거짓 사도들"이 이 사람들 안에 속해 있다고 생각한다.

10 내가 제시하는 이 논의의 의미를 이해하기 위해서는, 다시 말해 이 문제와 관련한 바울에 관한 나의 해석을 이해하기 위해서는, 6장에 있는 "복음이 요구하는 것"과 "인간 됨 안에서의 싸움"을 참조하길 바란다.

11 이 개요는 Derek R. Brown, Wendy Widder, and E. Tod Twist, *Lexham Bible Guide: 2 Corinthians*, ed. John D. Barry and Douglas Mangum (Bellingham, WA: Lexham Press, 2013)을 참고한 것이다.

12 필자의 번역이다.

13 언젠가 나는 이 주제에 관한 책을 편집한 적이 있는데, 아마도 그것이 지금 내가 가진 이러한 생각의 시작일 가능성이 높다. Randall Mark Peters, Dave Phillips, and Quentin Steen, *Colors of God* (Downers Grove, IL: InterVarsity Press, 2010). 나는 이 책에서 저자들이 논의한 구체적인 내용에 모두 동의하지는 않지만, 다채로운 개성을 가진 하나님에 관한 전반적인 개념에 대해서는 공감대를 이룬다. 내가 이 책에서 사용한 것도 그와 동일한 개념이다.

14 2장 "그리스도인이 내려야만 하는 어려운 결정들"에서 바울이 율법을 사용한 것에 관해 내가 논의한 내용을 참조하라.

15 당신의 삶에 대해 더 나은 이야기를 제공한다는 아이디어는 수많은 기독교 사상가들이 제시해 왔다. 개인적으로 나에게 가장 큰 영향을 준 사상가들은 도널드 밀러, 크레이그 바살러뮤, 마이클 고힌이다. 다음 자료를 참조하라. Donald Miller, *Searching for God Knows What*

(Nashville: Thomas Nelson, 2004); Craig G. Bartholomew and Michael W. Goheen, *The True Story of the Whole World* (Grand Rapids: Faith Alive Christian Resources, 2004).

2장. 그리스도인이 내려야만 하는 어려운 결정들

1 어떤 본문 증거들은 이렇다. "너희는(복수형) 살아 계신 하나님의 성전이라."(밑줄 친 단어들은 다른 본문 증거들에서 다양한 변형을 보여 준다.) 다른 본문 증거는 이렇다. "우리는 살아 계신 하나님의 성전이라." 어느 교부는 한 번은 "그러므로 우리는 살아 계신 하나님의 성전이다."라고 기록하고, 또 다른 경우에는 "우리가 하나님의 성전이 되게 하려 함이라."라고 기록한다. "우리는 하나님의 성전이라."는 고린도후서의 직접적이고 광범위한 문학적 맥락뿐 아니라 외부적·내부적 증거들에 기초해 볼 때, 원문(Urtext)일 가능성이 높다.(이 각주에 포함된 성경 번역들은 필자의 번역이다.)

고린도후서 6:14-7:1에 나타난 다른 본문 변형들은 그것들이 본문 증거에 의해 제대로 증명되지 않았거나, 문법 또는 맞춤법 선호에 근거하기 때문에 자세히 논의하지는 않을 것이다.

2 어떤 이들은 고린도후서 7:1c에서 육과 영을 함께 사용하는 것이 특징상 바울의 것이 아니라고 주장한다. 왜냐하면 바울은 보통 이 둘을 대조하기 때문이다(예를 들어, 롬 8:4-13). Ralph P. Martin, *2 Corinthians,* Word Biblical Commentary 40 (Waco, TX: Word, 1986), 208-10에서는 바울이 평소에 "육"과 "영"을 대조하고, 또한 "육과 영을 깨끗하게 함"은 "쿰란공동체 신학의 분위기를 드러내기"(예를 들어, 공동체 규례 3:8) 때문에, 전체 구절들과 함께 이 구절은 쿰란 문서의 일부가 삽입된 것이라 주장한다. 비록 고린도후서 7:1은 어느 정도 쿰란공동체 신학의 요소들을 가지고 있지만, 몇 가지 유사점을 근거로 그 구절이 쿰란 문서에서 가져온 것이라고 주장할 수는 없다. 마틴은 고린도후서 5:10을 완전히 무시했는데, 이 구절은 여기에서 바울이 은유를 사용했다는 것을 명확히 드러낸다. "육과 영"이라는 은유를 다

양한 방식들로 사용하는 것은 바울에게 생소한 것이 아니다.

바울은 다른 용례에서 성령의 감동으로 살아가는 방식과 육신의 지배를 받아 행동하는 방식 사이의 차이를 설명하기 위해 이 은유를 사용한다(예를 들어, 롬 8:4-13). 고린도후서 7:1a에서, 바울은 그리스도 앞에서 자신의 행위, 곧 육와 영에 의해(즉, 외적으로나 내적으로) 행해지는 행위에 대한 책임을 설명하기 위해 그 은유를 사용한다. 바울은 동일하다고 볼 수 없는 별개로 된 두 개의 은유를 사용한다. 이 은유들이 동일한 은유라고 주장하고자 할지라도, 바울의 신학을 발전시키고 그가 이전에는 알지 못했던 것을 이해하기 시작하는 것이 바울을 벗어나는 것은 아니다. 또한 바울의 주장을 설명하기 위해서, 쿰란 공동체에서 온 것이든 다른 어떤 곳에서 온 것이든 그러한 에토스로부터 온 신학적 요소들을 적절하게 사용하는 것도 바울에게는 그리 불가능한 것이 아니다. David E. Garland, *2 Corinthians,* New American Commentary 29 (Nashville: Broadman & Holman Publishers, 1999), 341-43은 "이런 맥락에서 스스로를 정결하게 하고 자신의 거룩함을 완성하는 것은 거룩하지 않은 모든 관계 맺음과 우상 숭배와의 모든 연합을 끊어 버리는 것을 의미했을 것이다."라고 진술한다.

일반적으로 바울은 죽을 것을 가리켜 "육신"(flesh)이라는 용어로 정의한다(예를 들어, 롬 8:5-6). "죽을 것이 생명에 삼킨 바" 된 것에 관한 바울의 용어는 바울이 육신을 영에 종속된 것으로 이해하지만, 여전히 처리되어야 할 그 무언가로 이해했음을 암시한다(고후 5:4-5). 더 나아가, 고린도후서 5:10에서 바울은 각 사람이 "그리스도의 심판대 앞에 나타나게 되어" "선악 간에 그 몸으로 행한 것을 따라" 받을 것이라고 말한다. 이 구절은 바울이 육신 안에서 옳은 일을 행해야 할 필요가 있음을 알고 있었으며, 따라서 믿는 자들은 "육과 영"(즉, 신자들의 외적인 부분과 내적인 부분)의 더러움에서 스스로를 깨끗하게 해야 한다고 주장하는 데 아무런 거리낌이 없었을 것임을 보여 준다. 바울이 사용한 "육신"이라는 용어에 대한 좀 더 자세한 설명은 부록 "바울 신학에서의 육신과 율법"을 참조하라. (이 각주에서 성경 번역은 필자의 것이다.)

3 필자의 번역이다.

4 고린도후서 7:1에서 바울의 도입부는 권고하는 가정법이며, 따라서 비록 이 도입부는 엄밀히 말해 명령법은 아니지만, 고린도후서 6:14에서 그 단락을 여는 명령법과 유사한 명령법처럼 작동한다.

5 고린도후서 1장에서 "우리"는 공동체와 개인 모두를 염두에 두고 있음을 의미한다. '몰리스모우'(molysmou, μολυσμοῦ, 더러움)라는 용어는 신약성서의 고린도후서 7:1에서 나오는 하팍스 레고메논이어서 정의 내리기가 매우 어렵기 때문에, 우리는 신약성서의 의미론적 영역 내에서 이 용어의 용례를 살피고 신약성서 밖에서의 용례를 검토해야 이 용어에 관한 더 깊은 통찰을 얻을 수 있다. 우리가 이 연구를 수행할 때, '몰리스모우'라는 용어가 고린도후서 7:1에서 "더러움"으로 가장 잘 이해되고 번역된다는 것을 확인하게 된다. 이 용어는 주로(늘 그런 것은 아니지만) 종교적 용어로 사람의 내적(영), 외적(육) 더러움과 관련이 있다(예를 들어, Strabo, *Geographica*, 17.2.4; 렘 23:15 LXX; 딛 1:15; 계 3:4). 또한 이 용어는 "상처"를 의미할 수도 있다. 고린도후서 7:1과 관련된 "더러움"의 주된 종류는 생각이나 행동으로 이루어지는 컬트적 우상 숭배에 의해서 야기되었을 가능성이 높다(예를 들어, 고전 8:7; 고후 6:16).

'몰리스모우'는 고린도 교회 공동체로 하여금 이들이 "믿지 않는 자들"과 "멍에를 함께" 멜 경우 하나님(그리고 아마도 하나님의 공동체)과 분리될 것임을 알려 주기 위해 가장 중요하게 사용되었다. "믿지 않는 자들"은 우상과 긴밀한 관계를 맺고 있기 때문에, 이들의 영향력이 "육"(외적으로)과 "영"(내적으로) 모두에 있어 "믿는 자들"을 "더럽게" 할 수 있음은 의심할 여지가 없다.

6 이 주제에 대한 좀 더 자세한 설명을 위해서는, 부록 "바울 신학에서의 육신과 율법"을 참조하라.

7 이 장 후반부의 "예수님의 통치와 벨리알과의 싸움"을 참조하라.

8 고린도후서 6:14-7:1에서 나타나는 수사적 이탈(digression)은 6:13과 7:2에서 편집 기법(Wiederaufnahme)으로 구분된다. 수사적 이탈은 "상대적으로 길고 독립적인 부분을 주제적으로 다소 연관된 텍스트 안으로 삽입하는 것"으로 정의 내릴 수 있다. David E. Aune,

"Digression," *The Westminster Dictionary of New Testament and Early Christian Literature and Rhetoric* (Louisville, KY: Westminster John Knox, 2003), 132-33을 참조하라.

고린도후서 6:14-7:1은 6:13과 7:2에서 반복적인 인클루지오 형식(inclusio: 중심 내용을 전후로 감싸는 형식-역자 주)으로 인해 여기서는 삽입 구절(interpolation)이라기보다 이탈로 식별된다. 고린도후서 6:13은 "너희도 마음을 넓히라"라는 말로 마무리하고, 7:2은 "마음으로 우리를 영접하라"라는 말로 시작한다. 이 두 구절을 함께 배치해 보면 중복되게 다음과 같이 읽힌다. "너희도 마음을 넓히고, 마음으로 우리를 영접하라." 만약 어떤 편집자가 고린도후서 6:14-7:1을 고린도후서 중간에 위치시킨다면, 아마도 이런 중복은 편집상 추가되지 않고 제거될 가능성이 있는 반면에, 수사적 인클루지오를 표시하고자 하는 저자는 수사학의 "의식적 흐름"이 끝나고 다시 시작하는 위치를 그 본문이 전달하도록 만들기 위해 이러한 중복을 포함했을 것이다. 게다가, 키케로가 『웅변가론』(*De orator*) 1.19에서 언급했듯이 이탈 구절들은 종종 비교를 위해 사용되는데, 이것이 정확히 6:14-7:1(특히 6:14b-16a)이 수행했던 역할이다.

몇몇 저자들은 6:14-7:1이 여기서는 이탈이 아니라 삽입 구절이라고 주장한다. Joseph A. Fitzmyer, "Qumran and the Interpolated Paragraph in 2 Corinthians 6:14-7:1," *Catholic Biblical Quarterly* 23, no. 3 (July 1961): 271-80는 6:14-7:1이 쿰란 문헌 중 한 단편이거나, 적어도 그것이 쿰란 문서에 근거하고 있음을 주장한다. 이러한 주장을 정당화하는 피츠마이어의 근거들은 고린도후서 6:14-7:1과 쿰란 문헌 사이에 놓인 어떤 일치에 근거한다. 그것은 (1) 이 둘 사이에 선명한 이분법이 있다는 것이고, (2) 이 둘 모두 우상 숭배를 반대하고 있으며, (3) 이 둘은 자신들의 공동체 사람들을 하나님의 성전과 비교한다는 것이다. 피츠마이어가 제시한 처음 두 개의 근거들은 고대 세계의 문학 전반에 걸쳐, 특히 제2성전기의 유대교에 있다. 따라서 이들은 사실상 제2성전기 유대교의 모든 분파에 적용될 수 있다. 피츠마이어가 제시한 세 번째 근거는 처음 두 개보다 더욱 신빙성이 있다. 하지만, 그는 바울이 현재 우리가 가지고 있는 쿰란 문헌의 전체가 아니라 쿰란 문헌과 비슷한 전통에 단지 의존하고 있음을 제대로 언급하고 있지 않다. 이 단락 전체에 걸쳐서 바울은 자신의 주장을 뒷받침하기 위해 자신이 살던 시대의 다양한 문화적 전통들에 의존한다. 단순히 어느 저자가 쿰란 전통과 유사한 다른 전통들에 의존한다고 해서 쿰란 문헌에서 삽입 구절을 따왔다거나, 심지어 저자가 그런 문헌을 원전으로서 삼고 있음을 의미하는 것은 아니다. 피츠마이어의 주장을 받아들이기 위해서는 반드시 제2성전기의 에토스 안으로 전통의 범위를 제한해야 한다.

또한 Hans Dieter Betz, "2 Cor 6:14-7:1: An Anti-Pauline Fragment?" *Journal of Biblical Literature* 92, no. 1 (March 1973): 88-108은 6:14-7:1이 삽입 구절이라고 주장한다. 한스 디터 베츠는 그 단락이 바울의 다른 글들과 다른 중요한 신학적 차이가 있음을 말한다. 그에 따르면, 이 신학적 차이는 비-바울적(un-Pauline)일 뿐 아니라 반-바울적(anti-Pauline)이다. 베츠는 6:14-7:1의 내용이 갈라디아서 2장에 나오는 바울을 비방하는 사람들의 주장과 가장 잘 맞아떨어진다는 주장을 제시한다. 비록 안디옥에서 있었던 갈라디아인들의 분쟁과 고린도후서 6:14-7:1의 신학 사이에는 모종의 강한 연관성이 있지만, 이와 같은 반-바울적인 구절이 어떻게 고린도후서 안으로 들어왔는지에 대한 설명은 없다. 더구나, 고린도후서의 편집자가 그러한 구절을 삽입하기로 선택하려 했다면, 그는 자신이 그렇게 하고자 함을 표시했을 가능성이 높다. 그렇지 않다면, 최소한 방대한 신약 사본 전통 안의 어디에선가 그러한 점이 명확히 드러났을 것이다. 그렇다면 편집자는 왜 아무런 설명이나 표기도 없이 저자의 주장의 한복판에 저자의 관점과는 상반되는 것을 삽입하였을까? 아마도 반-바울적 내용의 단편이 무턱대고 갈라디아인들의 분쟁에 대해 알 수도 있고 알지 못할 수도 있는 완전히 무관한 공동체에 보내는 편지에 삽입되었다기보다 오히려 갈라디아서에 삽입되었을 가능성이 훨씬 더 커 보인다.

비록 해석자가 고린도후서 6:14-7:1이 이탈이 아니라 편집자에 의한 삽입 구절이라 단언하길 원한다 할지라도, 해석자는 여전히 왜 편집자가 이 구절을 여기에 두기로 선택했는지에 대한 이유를 설명해야만 한다.

9 "하나님을 두려워하면서"라는 구절은 "거룩함"이란 다음 세 가지 방법 중 하나를 통해서 "온전히 이루어진다"는 것을 의미할 수 있다. 그

세 가지란 (1) "하나님을 두려워함"을 **통해서**이고, (2) "하나님을 두려워함"**의 영향 안에서**이며, (3) "하나님을 두려워하기" **때문**이다. 대다수의 주석자들은 이러한 구문 선택지들 가운데 하나를 선택해야 할 필요성을 느끼는 듯하며, 저자가 이 세 가지 선택지들이 모두 가능함을 보여 주기 위해 자신의 언어에 관해 의도적으로 모호한 입장을 택했다는 사실을 쉽사리 간과하는 듯하다. 그 예를 살펴보려면, Murray J. Harris, *The Second Epistle to the Corinthians: A Commentary on the Greek Text*, New International Greek Testament Commentary (Grand Rapids: Eerdmans, 2005), 513을 보라.

"거룩함"이 "온전히 이루어지는" 것은 "하나님을 두려워함"을 **통해서**, 그리고 **그 영향 아래** 있음으로 인해서였지만, 고린도 교회 공동체가 스스로를 "더러움"으로부터 깨끗하게 하기로 선택해야 했던 것은 "하나님을 두려워함" **때문**(혹은 하나님을 두려워함**으로부터** 나오는 것)이기도 했다. 비록 이러한 모호함은 의도적인 것처럼 보이지만, 저자는 자신이 생각하기에 어떤 선택이 가장 중요한지에 대한 몇 가지 단서를 제공한다. 결과적으로, 믿는 자들과 믿지 않는 자들을 물리적으로, 그리고 신학적으로 분리시키게 만든 저자의 이원론적 용어는 "하나님을 두려워함"의 **영향력**이 발휘되는 주요한 구문적 가치임을 제시한다.

10 또한 aphorizō(아포리조, '구별하다/분리하다'-역자 주)는 부정과거 명령법으로서 바나바와 사울(바울)이 사역을 위해 "따로 세워지는" 일이 기록된 사도행전 13:2에서 사용된다. 이들은 사역이라는 목적을 위해서 다른 사람들로부터 구별되어 세워진다. 이런 용례는 바울의 서신들과 유사하다. 갈라디아서 1:15에서 바울은 이 동사를(분사 형태로) 그가 태어나기 전에 복음을 위해 따로 구별되었음을 이야기하기 위해서 사용한다. 로마서 1:1에서 바울은 이 동사를 사용하여(이번에도 분사 형태로) 복음을 위해 구별되는 것에 대해 설명한다. 또한 갈라디아서에서 바울은 이 동사를 사용해서 유대인들이 도착한 후에 유대인이 아닌 사람들로부터 베드로가 따로 떨어져 있던 것에 대해 이야기한다.

사도행전 19:9에서 이 동사는 회당 안에서 완고하며 계속해서 불신 가운데 처해 있으면서 예수님을 믿는 자들에 대해 악한 말을 하는 사람들에게서 바울이 떠나는 것을 묘사하는 데 사용되었다. 고린도후서

6:14-7:1과 유사하게 마태복음 25:32은 동사 aphorizō를 이용해서 양들을 염소들에게서 구분하는 것을 설명한다. 여기서 예수님은 마지막 심판과 함께 진정으로 예수님을 따르는 자들과 그렇지 않은 자들을 구분하는 것에 관해 이야기하신다. 고린도후서의 더 큰 맥락과 유사한 맥락은 예수님의 방식을 받아들이는 사람들과 그렇지 않은 사람에 관한 것이다. 누가복음 6:22에서 예수님은 이 동사를 자신을 따르는 자들을 배제하는 자들에 대해 이야기할 때 사용한다. 따라서 이것은 정반대의 의미(믿는 자들에게서 스스로 분리되는 믿지 않는 자들)를 갖는 배제함이라 할 수 있다.

11 동사 heterozygeō(ἑτεροζυγέω, 헤테로쥐게오, '멍에'-역자 주)는 해리스가 지적한 것처럼 성서 그리스어 혹은 그리스 문학의 어디에서도 발견되지 않는다. 해리스는 heterozygountes(ἑτεροζυγοῦντες, 헤테로쥐군테스)라는 용어를 번역하기 위해 몇 가지 다른 선택지들을 나열한다. 이 책에서 사용된 레위기 19:19의 예는 동일한 의미론적 영역에서 보면 형용사적 용법이다. 나는 이 특수한 예를 사용했는데, 그 이유는 해리스의 주장에 동조하는 측면에서, 나는 해리스의 말처럼, 바울이 믿는 자들과 믿지 않는 자들은 "조화될 수 없는 부조화 … 만나서는 안 될 조합 … 완전한 불협화음을 만들어 낸다"는 것을 보여 주는 레위기 19:19과 신명기 22:10을 암시하고 있는 것이라 생각했기 때문이다. Murray J. Harris, *The Second Epistle to the Corinthians: A Commentary on the Greek Text*, New International Greek Testament Commentary (Grand Rapids: Eerdmans, 2005), 498-99을 참조하라.

12 이것이 가능한 선택지들일 뿐 아니라 가장 적합해 보이는데, 그 이유는 고린도후서에 기초해서 완전하게 입증될 수 있는 것이 이 두 가지이기 때문이다. 이는 고린도 교회 공동체가 이 본문을 다른 부류의 불신자들에게 적용하거나, 심지어 바울이 이 본문을 다른 부류의 불신자들에게 적용할 수 있으리라 생각했을 가능성을 배제하지 않는다.

13 믿는 자와 믿지 않는 자의 관계에 관한 바울의 가장 자세한 논의는 고린도전서에 있다. 따라서 자연스럽게 고린도후서가 이 논의를 이어받는다. 한편 바울은 그의 서신의 다른 곳에서도 믿지 않는 자들에 관해 논

의한다. 바울은 다음과 같이 디도서에서 고린도후서 6:14-7:1과 직접적으로 상응하는 내용을 언급한다. "깨끗한 자들에게는 모든 것이 깨끗하나 더럽고 믿지 아니하는 자들에게는 아무것도 깨끗한 것이 없고 오직 그들의 마음과 양심이 더러운지라"(딛 1:15). 디모데전서에서 바울은 믿는 자들의 삶과 믿지 않는 자들의 삶 사이에 존재할 수밖에 없는 첨예한 대립을 보여 준다. 그는 이렇게 말한다. "누구든지 자기 친족 특히 자기 가족을 돌보지 아니하면 믿음을 배반한 자요 불신자보다 더 악한 자니라"(딤전 5:8).

또한 고린도후서에서 나오는 "믿지 않는 자들"이 "거짓 사도들"을 의미하는 것일 수 있다. 하지만 그 용어는 바울 서신의 다른 곳에서 사용된 것에 기초해 본다면, 보다 넓은 의미를 지니는 것으로 보인다. 다른 어떤 곳에서도 바울은 그 용어를 초점을 좁혀서 단지 "거짓 사도들"을 뜻하는 방식으로 사용하지 않는다. 고린도후서 4:4에서 이 용어의 쓰임은 폭넓게 적용되기 때문에 이런 협소한 의미 사용을 배제한다.

14 물론 배우자에게 학대를 당하는 경우처럼 결혼 생활을 유지해야 하는 문제에 있어 예외를 인정하는 진술들이 있다(예를 들어, 고전 7:12-15). 그러한 경우에 이혼이 허용된다. 또한 바울은 그 믿지 않는 배우자가 결혼 생활을 유지하고자 해야 함을 분명하게 밝히며 그렇지 않은 경우를 다음과 같이 말한다. "혹 믿지 아니하는 자가 갈리거든 갈리게 하라 [그리스도 안에 있는] 형제나 자매나 이런 일에 구애될 것이 없느니라 그러나 하나님은 화평 중에서 너희를 부르셨느니라"(고전 7:15).

15 다음은 (포괄적이지는 않지만) AD 50-100년경 고린도에 있었던 성전과 제단, 공물들의 목록이다: 티케(Tychē)의 신전, 에우리클레스(Eurycles)의 욕탕, 아폴로의 페리볼로스(Peribolos: 성전 주위를 둘러싼 벽 혹은 담 - 역자 주), 페이레네(Peirene) 분수, 프로필레아(Propylaea: 아크로폴리스의 정문-역자 주), 아테나 동상, 정체를 알 수 없는 제단, 바비우스(Babbius) 기념비, 포세이돈(넵투누스, Neptune)의 분수, 황제 숭배 성전, 아프로디테 성전, 사라피스 사원. 이 증거들의 출처는 J. Murphy O'Connor, "Corinth," *ABD* 1:113439이다.

16 "지극히 크다는 사도들"("뛰어난 사도들")과 "거짓 사도들"은 사실 두

개의 서로 다른 그룹일 수 있다. 그러나 이 용어들의 병렬적 사용은 이를 불가능하게 한다. 어느 쪽이든, 고린도에서 바울의 권위를 약화시키고 있는 것으로 보이는 바울의 대적들이 있었음은 분명하다. 여기서 "지극히 크다는 사도들" 혹은 "거짓 사도들"이 누구인지 정확히 밝혀지지는 않았다. 여러 다양한 해석적 예시들과 각각에 대해 주장하는 중요한 주석가들에 대해서는 Derek R. Brown, Wendy Widder, and E. Tod Twist, *Lexham Bible Guide: 2 Corinthians*, ed. John D. Barry and Douglas Mangum (Bellingham, WA: Lexham Press, 2013)을 참조하라.

17 필자의 번역이다.

18 빛과 어둠을 대립적으로 보는 관점은 그 시대 문학에서는 일반적인 것이었다(예를 들어, 요한복음 1:5; 1QS 3.1326; 1QM).

19 구약성서에서는 벨리아르(Beliar)가 아니라 벨리알(Belial)이라는 용어가 사용되지만, 이 두 용어는 발음상 매우 유사해서 둘 사이의 어떤 관련성을 생각해 보지 않을 수 없다. 신명기 13:13에서 벨리알은 "무가치한" 혹은 "불법의" 사람을 가리킨다. 벨리알은 또한 바울이 살던 시대에 보다 넓은 유대교의 맥락에서 악한 인물이었다. 희년서(the book of Jubilees)는 "벨리아르의 영"(희년서 1:20)이라 언급하며 벨리아르를 실제 인물로 묘사하지만, 여기서 "영"은 단순히 특정한 종류의 행위를 가리키는 미학적 방식일 수 있다. 나의 동료, 데렉 R. 브라운이 나에게 상기시켜 준 것처럼, 아네트 스튜델은 "벨리알"이 쿰란 문서에서 악한 인물을 가리킬 때 가장 빈번하게 사용되는 이름이라고 설득력 있게 주장한다(Annette Steudel, "God and Belial," *The Dead Sea Scrolls Fifty Years after their Discovery: Proceedings of the Jerusalem Congress, July 20-25*, 1997, ed. Lawrence H. Schiffman, et al. [Jerusalem: Israel Museum, 2000], 332-40). 브라운이 나에게 지적해 준 것처럼 여기서 볼 수 있는 구절들은 다음과 같다: 1QS 1:16-18; 3:13-4:26; CD 2:19; 4:12-19; 5:18; 12:2-3; 1QM 1:1-5; 13:4, 10-12; 18:1-3. 이런 연관성은 바울이 벨리알(혹은 그가 부르는 인물인 벨리아르)과 사탄을 동의어로 볼 수 있었음을 의미한다. 어느 쪽이든, 벨리아르와 사탄은 똑같이 부정적인 행동들 나타내기 때문에, 다시 말해,

그리스도의 사역을 가로막기 때문에 고린도후서에서 동일한 범주에 있는 것이 분명하다. Derek R. Brown, *"The God of This Age": Satan in the Churches and Letters of the Apostle Paul*, Wissenschaftliche Untersuchungen zum Neuen Testament II (T bingen: Mohr Siebeck, 근간)을 참조하라.

20 흥미롭게도, 고린도후서처럼 요셉의 언약서 20:2도 주님을 "빛"으로, 벨리아르를 "어둠"으로 동일시한다. 이것은 바울이 그리스도를 주님 자리에 대입함으로써 자기 시대의 구전 혹은 구문 자료를 편집하고 있었음을 암시한다. 만약 이것이 사실이라면, 이는 바울이 진정 그리스도가 얼마나 강하다고 생각했는지를 보여 준다.

21 고린도후서 6:18의 마지막 구절("전능하신 주의 말씀이니라")은 사무엘하 7:8에서 온 것일 가능성이 높다. 왜냐하면 고린도후서 6:18의 후반부가 사무엘하 7:14을 인용하기 때문이다.

바울은 성경이 주님을 통해서 온 것임을 나타내는 진술(6:16c; 6:18b)로 그의 성경 인용을 시작하고 마무리함으로써, 그리고 새로운 상황에서 이러한 성경 구절들을 적용할 권한을 가진 주님의 대리자임을 나타내기 위해 구절 중간에 "사신 공식"(messenger formula)을 삽입함으로써, 자신의 권위에 대한 근거를 명확하게 제시한다. "사신 공식"을 사용함으로써 바울은 고린도 교인들에게 이 문제에 있어 자신의 권위를 존중해 줄 것을 요구하고 있다. 왜냐하면 이것은 "주"(6:17-18)께로부터 나온 신탁이기 때문이다. "사신 공식"은 정확하게 이 형태로 히브리 성서에서 844번 등장한다. 예를 들면, 다음과 같다: 출애굽기 4:2; 여호수아 7:13; 사무엘하 7:5; 열왕기상 13:21; 역대상 11:4; 이사야 52:3; 예레미야 2:5; 에스겔 20:3; 호세아 2:21. 이것은 개인(보통 선지자)이 전한 말들이 주께로부터 직접 온 것임을 가리키기 위해 사용된다(즉, 이러한 말들은 신탁이다).

22 바울은 언약 공식을 떠올려 줌으로써 하나님이 그분 백성 가운데 계시고 그들을 소유하실 것을 선언한다. 마찬가지로 그분의 백성 역시 하나님을 소유하게 될 것이다(6:16; 6:18).

이 언약 공식 전통은 고린도후서가 기록될 당시에 널리 퍼져 있었다.

예를 들면, 바룩서 2:35에서 하나님은 "나는 그들의 하나님이 되고 그들은 나의 백성이 될 것이다. 그리고 나는 내 백성 이스라엘을 내가 그들에게 준 땅에서 결코 쫓아내지 아니할 것이다."(바룩서 2:35)라고 말한다. 1Q22 f1ii:1은 또 이렇게 말한다. "이스라엘아 들으라! 이날은 너희가 주 너의 하나님께 속한 백성이 된 날이니, 너희는 나의 규례와 언약, 그리고 나의 계명들을 지켜야 한다."(Michael Wise, Martin Abegg, Jr., and Edward Cook, *The Dead Sea Scrolls: A New Translation* [New York: HarperCollins, 2005], 207). 고린도후서 6:16d는 레위기 26:11-12과 에스겔 37:27을 결합한 것이다. 에스겔 37:27을 살펴보면 저자는 레위기 26:11-12과 간텍스트적(intertextual) 대화에 참여하고 있음을 보여 준다. 만약 그러하다면, 바울은 단지 이 간텍스트적 대화의 전통을 이어 가고 있는 것이 된다. 또한 바울이 주로 자신의 주장을 펼치기 위해 사용하는 성경 해석 방법은 그 시대에 매우 일반적인 것이었다. D. Barry, "Early Evidence of Subjective Interpretation in the Subjective Interpretation in the Pesharim of Qumran," *Revue Scriptura*, new series 9 (2007): 119-38을 참조하라.

"언약 공식"은 고린도후서 6:16의 소유 속격(예를 들어, "그들의 하나님"과 "나의 백성")과 6:18의 소유 여격(예를 들어, "너희에게 아버지"와 "내게 자녀")으로 나타난다. 이 모든 것은 세상 안으로 "초월하여" 그분 백성들 "가운데 거하는" 하나님의 능력을 통해서 오는 것으로 묘사된다(고후 6:16). 언약 전통은 하나님이 고린도 교인들의 에클레시아와 모든 믿는 자들 가운데 "거하는" 방식을 드러내는 데 적합하다. 이는 고린도 교회 공동체(바울을 포함하여)가 "살아 계신 하나님의 성전"(고후 6:16)이라는 개념과 직접적으로 상응한다. 하나님이 예루살렘에 있는 성전에 거했던 것처럼(왕상 8:13), 하나님은 이제 고린도 교회 공동체 안에 거하시는 것이다.

흥미롭게도, 고린도후서 6:18은 주로 사무엘하 7:14(또한 이사야 43:6에서 삽입된 절을 포함하여)에서 나온 것으로, 성전과 다윗의 상속자인 솔로몬과 관련하여 하나님이 다윗과 언약을 맺은 맥락 안에 있다. 또한 고린도후서 6:17에서 바울은 이사야 52:11의 순서를 역전시킨다.

23 자기 백성 가운데 거하시는 하나님에 관한 진술과 함께 저자는 하나님

의 백성은 믿지 않는 자들로부터 "나와서 따로"(고후 6:17) 있어야 한다는 것을 넌지시 알려 준다. 이 구절은 고린도후서 6:14-7:1을 이해함에 있어 매우 중요하다. 왜냐하면 이 구절은 저자에 의해 이루어진 매우 중요한 편집을 포함하고 있기 때문이다. 저자는 이사야 52:11의 맥락에서 바벨론을 뜻하는 "그녀들 가운데서 나와서"라는 마소라 본문과 70인역의 구절을 "그들 중에서 나와서"로 바꾸었다.

이는 바울 편에서 보면 과감하고 대담한 변용으로서 아마도 바울이 여기에 "사신 공식"을 삽입하기로 선택한 이유일 것이다(고후 6:17). 바울은 바벨론을 가리키는 포로기 언어를 사용했고, 다시 이 용어로 믿지 않는 자들을 가리킨다. 그렇게 함으로써 본질적으로 바울은 믿지 않는 자들과 연합하는 것은 포로기의 상태로 다시 되돌아가는 것과 같음을 이야기하고 있는 것이다. 바울은 이 구절을 새로운 역사적 맥락에서 근본적으로 재구성했다. 바울은 믿는 자들이 믿지 않는 자들에게서 분리되지 않는다면 결국 어떤 일이 발생할지를 보여 준다. 그렇게 되면 결국 그들은 자신들의 선택에 의해 영적으로 포로기 상황에 처하게 될 것이다.

24 바울은 고린도후서 6:16-18에서 그가 인용한 성경 구절들이 약속이라는 것을 암시한다(고후 7:1). 이 약속들은 고린도 교인들에게 행동할 것을 요구한다. 바울은 이 특정한 성경 인용들을 사용해서 하나님이 이스라엘과 맺은 언약을 상기시키고, 더 나아가 고린도 교인들이 회개해야 할 필요성을 내세운다.

그 언약은 고린도후서 6:16에서 에스겔 37:27과 레위기 26:11-12을 결합시키는 방법을 통해서 알려진다. 고린도후서 6:17에서 이사야 52:11의 편집은 고린도 교회 공동체에서 일어나야 할 회개의 모습이 어떠해야 하는지를 보여 준다. 고린도후서 6:17을 보면 이러한 회개는 매우 구체적인 행위를 요구할 것이라는 사실이 에스겔 20:34 사용을 통해서 드러난다. 그다음으로, 고린도후서 6:18에서는 사무엘하 7:14과 이사야 43:6 편집을 통해서 하나님은 자신이 요구한 바를 그분의 백성이 행할 것을 기대하면서 그분의 백성임을 확증하신다.

25 Ike Ndolo, "Offering," *Rivers* (Nashville: Ike Ndolo, 2013).

스스로를 정결하게 함에 관한 바울의 입장은 그가 인용한 성서적 약속들과 "거룩함"을 "온전함"에 이르도록 하는 데 필요한 행동들에 기초해 볼 때 매우 분명하다. 레위인 전통에서 거룩함은 (그리고 성서적 설명들에 의해 제기되는 것처럼) "부정한" 것들로부터 분리하는 것과 관련이 있다(예를 들어, 레 11:44-45). 그렇기 때문에, 바울이 스스로를 더러운 것으로부터 깨끗하게 함으로써 "거룩함"을 "온전함"에 이르도록 해야 한다고 말한 것은 지극히 당연하다.

3장. 모든 환난 중에서 우리를 위로하시는 하나님

1 사도행전을 보면 바울이 아시아 지방에서 얼마나 어려운 일들을 겪었는지 알 수 있다. 심지어 에베소에서는 바울과 그의 동료들의 설교로 인해 폭동이 일어나기도 했다(행 19:21-40). 그리고 고린도후서에 나오는 바울의 말에 따르면, 아시아에서는 더 많은 어려움이 있었던 것으로 보인다(고후 1:8).

고린도후서에서 바울이 묘사한 사건들은 모두 그의 세 번째 선교 여행(AD 52-57년경) 중에 일어났을 것이다. 바울은 그의 두 번째 선교 여행 중 고린도에 교회를 세웠다(행 18장; AD 49-51년경). 바울의 세 번째 선교 여행에서 고린도 교인들과 관련된 일련의 사건들은 다음과 같다. 세 번째 선교 여행 전에 바울은 고린도 교인들에게 근심 어린 방문을 했다. 우리는 이 일이 언제 일어났는지는 확실히 알지 못한다(고후 2:1). 하지만, 이전에 그렇게 근심 중에 방문했음에도 불구하고 바울은 마게도냐를 방문하기에 앞서 그의 세 번째 선교 여행 기간 동안 곧장 고린도로 가고자 했다(고후 1:16). 아마도 바울은 에베소에서 에게해를 건너 아시아 지방(오늘날 튀르키예)의 밑에서부터 출발하고자 했을 것이다. 그러나 바울은 에베소에서 출발하지 않고 그 대신에 드로아를 향해 북쪽으로 간다.

"주 안에서" 바울에게 기회의 문이 열린 것은 드로아에서였고, 아마도 이것이 그의 계획이 변경된 계기일 수 있다(고후 2:11). (바울은 고린도로 가는 길에 드로아에서 출발하려고 항상 계획하고 있었을 수도 있다.) 또한 우리는 2차 선교 여행 동안 드로아에서 바울이 마게도냐에 복음을 전해야 한다는 결론에 이르게 된 환상을 보았음을 알고 있다. 따라서 과거 이 일과 비슷한 사건이 고린도후서에서도 일어났을 수 있다(행 16:18-10). 드로아에서 무슨 일이 일어났든, 바울이 거기서 디도를 만나지 못했다는 것은 분명하다. 그래서 그는 고린도로 향하는 대신에 에게해를 건너 마게도냐(오늘날 그리스 북부 지역)로 향한다. 드로아에서 디도를 만나지 못했다는 바울의 진술은 중요한 내용이다. 디도는 고린도에 있었고, 바울은 그를 드로아에서 만나지 못했기 때문에, 바울은 자신이 받은 하나님의 지시와 더불어 고린도의 상황을 알고자 한 소원 때문에 계획을 수정했을 것이다(고후 7:13). (만약 그렇다면, 바울은 결코 에베소 같은 곳에서 떠나 고린도로 출발하려 하지 않고, 그 대신에 드로아로 가서 그곳에서 모든 일이 잘 진행되었다면 디도를 만나 그와 함께 고린도로 가려 했을 것이다.)

바울이 자신의 계획을 수정하게 된 여러 요소들에 대한 구체적인 정보가 없음에도 불구하고, 우리는 그가 고린도까지 먼 길을 갔다는 것을 알고 있다. 바울은 아시아 지방에서 아가야에 이르는 해로를 항해하는 대신에 육로로 마게도냐를 거쳐서 고린도가 위치한 아가야 지방을 향해 남쪽으로 가는 여정을 선택했다. (디모데와 실루아노는 이 여행에서 바울과 함께했다[고후 1:19].)

바울은 마게도냐에 도착하고 난 후 얼마 지나지 않아서, 하지만 아직 아가야로 가기 전에, 고린도후서를 기록한다. 그리고 바울이 "근심 어린 편지"를 기록했던 것은 마게도냐로 가기 전 어느 시기 동안이다. (고린도로 떠나기 전) 바울에게 있어 디도에게 소식을 듣는 일이 중요했다는 가설과 일치하는 것은, 바울이 마게도냐로 곧장 향하기로 결정했을 때 자신의 "근심 어린 편지"에 대한 고린도 교인들의 반응을 알지 못했던 것으로 보인다는 사실이다. 디도는 바울이 마게도냐에 있는 동안 고린도 교인들의 반응을 바울과 공유했던 사람이었던 듯하다(고후 7:12-13).

바울이 계획했던 정확한 여행 경로와 사건의 정확한 순서가 무엇이든, 고린도 교인들은 그의 여행 일정을 알고 있었지만 그의 계획이 변경되었다는 것은 몰랐기에 바울의 동기와 신뢰성에 의심을 갖게 되었다는 것은 분명하다. 하지만 바울은 자신의 계획이 변경된 것이 하나님의 뜻임을 분명히 알았다(고후 2:12, 14). 이것은 그의 선택이 아니라 하나님의 선택이었다.

바울의 선교 여행을 둘러싼 사건들의 정확한 시간적 순서는 매우 복잡하고 많은 논쟁을 불러일으켰다. 이 논쟁에 대한 개요를 위해서는 Derek R. Brown, Wendy Widder, and E. Tod Twist, *Lexham Bible Guide: 2 Corinthians*, ed. John D. Barry and Douglas Mangum (Bellingham, WA: Lexham Press, 2013)을 참조하라.

2 바울은 고린도후서 전반에 걸쳐서 "우리"라는 용어를 사용한다. 왜냐하면 고린도후서는 실제로 디모데와 공동으로 기록한 것이기 때문이다. 바울은 사역 대부분의 시간 동안 디모데에게 지도와 조언을 해 주었다. 바울은 디모데를 매우 신뢰했으며, 에베소에 있는 교회의 지도자들을 임명하기 위해 그를 에베소에 남겨 두고 떠나기도 했다(딤전 1:3).

> 디모데는 유대인 어머니와 그리스인 아버지 사이에서 태어났다. 그는 루스드라라는 도시에서 살았고, 거기서 바울을 만났다. 디모데의 어머니와 외조모는 예수님을 믿는 사람들이었다(딤후 1:5). 디모데는 율법을 준수하는 유대인으로 성장하지 않았고, 할례도 받지 않았다. 이것 때문에 디모데는 유대인들 사이에서 사역하기가 어려웠다(행 16:3; 딤후 3:15). 바울은 디모데와 함께 에베소에서 시작했던 사역을 디모데가 끝까지 완수하기를 기대하면서 복음 전하는 자의 사역을 하라고 디모데에게 말한다(딤후 4:5; John D. Barry et al., eds., "1 Timothy-A Call to Sound Teaching," *DIY Bible Study* [Bellingham, WA: Lexham Press, 2014]).

바울은 고린도후서의 주요 저자로 드러나기 때문에, 이 책의 초점은 바울에게 있고 디모데에게 두지 않을 것이다. 그러나 고린도후서의 맥락에 기초해서 바울에 관해 말한 내용의 대부분은 디모데에게도 적용할 수 있다고 해도 무방하다. 고린도후서의 관점은 이들의 관점과 감정과 주장을 대변했을 것이다. 하지만, 바울은 때때로 "우리"라는 말 대신에 "나"라는 말을 사용함으로써 자신과 디모데를 구분 짓는 것처럼 보인다. 예를 들면, 고린도전서 1:13에서 바울은 "우리"(고전 1:3-9에서 바울이 사용한 용어)에서 "나"로 잠깐 바꾸어서 말한다. 바울은 그의 서신 전반에 걸쳐서 동일한 전환을 시도한다. (특별히 고후 2:1-11에서 바울만 말하고 있는 것이 분명한 고후 2:1-11을 보라; 고후 2:17을 비교해 보라.) 고린도후서에서 일인칭 단수("나")를 사용할 때마다, 말하는 사람이 바울인 것으로, 그리고 고린도후서가 일인칭 복수("우리")를 사용할 때마다, 만약 모든 그리스도인들(혹은 최소한 바울 자신, 디모데, 그리고 그가 말을 걸고 있는 고린도 교회의 믿는 자들)을 분명하게 가리키는 것이 아니라면, 그것은 바울과 디모데 모두를 언급하는 것이 분명하다. 또한 바울은 모든 믿는 자들을 언급하는 몇 가지 포괄적인 진술들을 했다(고후 7:1을 보라).

3 필자의 번역이다.

4 Trent Reznor (Nine Inch Nails), "Hurt," *The Downward Spiral* (Santa Monica, CA: Interscope Records, 1995). 조니 캐쉬는 회개했지만 여전히 괴로워하며, 생애 말년에 이 노래를 부른 것으로 유명하다. 여기서 인용된 가사는 실제로 조니 캐쉬가 불렀던 버전이다(그는 레즈너의 버전을 약간 변형했다. Johnny Cash, *American IV: The Man Comes Around* [Santa Monica, CA: American Recordings, Universal Music Group, 2002]).

5 "The Downward Spiral"은 사실 "Hurt"라는 노래가 들어 있는 나인 인치 네일스(Nine Inch Nails) 앨범 제목이다. 나는 우울증이 있는 사람들에게 우울한 음악을 듣지 말라고 강력히 권한다. 그리스도인은 자기 마음에 어떤 가사들을 주입하고 있는지 주의해야 한다. 어떤 노래들은 믿는 자들의 태도와 인생관에 해로울 수 있으며, 또 어떤 음악들은 심지어 더 많은 악령을 불러들이는 수단이 될 수 있다. 음악은 분명 내가 우울했던 시기에 내 안의 악에 빠져들게 한 하나의 수단이었다.

6 Craig G. Bartholomew, *When You Want to Yell at God: The Book of Job* (Bellingham, WA: Lexham Press, 2014)을 참조하라. 나는 개인적으로 욥기를 연구하는 동안, Charles R. Swindoll, *Job: A Man of Heroic Endurance* (Nashville: Thomas Nelson, 2004)를 자료로 사용했다.

7 돌이켜 보면, 그 충격적인 이별이 나 자신에게 얼마나 유익이 되었는지를 이해하기란 어렵지 않다. 그 이별이 없었다면 나와 예수님의 관계는 영원히 친밀해지지 못했을 것이다. 고등학생 시절, 여자 친구와의 관계는 내가 예수님을 위해 온전히 헌신하는 삶을 살지 못하도록 가로막고 있었다(고후 6:14). 게다가, 그 이별이 없었다면, 나는 미래에 만나게 될 현재 나의 아내 케일린을 만나지 못했을 것이며, 지금 나는 케일린이 없는 삶을 상상조차 할 수 없다. 케일린과 나는 분명 서로를 위하고 있다. 그녀와 함께 있음은 내가 예수님께 더 가까이 가도록 했으며, 나에게 누군가를 진정으로 사랑하는 법을 가르쳐 준다. 케일린은 내가 예수님께 더 가까이 가도록 인도하고 있으며, 내가 더욱더 하나님의 형상대로 살아가도록 초청한다.

8 Mumford and Sons, "Awake My Soul," *Sigh No More* (London: Eastcote Studios, 2009).

4장. 바울처럼 우리 자신을 변호하다

1 이 말은 토니 커민스(앤서니 커민스라는 이름으로 출판함) 교수가 2006년 봄 학기 신약 신학 과정에서 한 이야기다.

2 "여기서 바울이 고린도전서를 언급하고 있을지도 모르지만, 그는 아마도 고린도전서와 고린도후서 사이에 쓴 또 다른 편지를 언급하고 있을 것이다. 또한 바울은 특별히 자신의 '눌림'과 '걱정'을 묘사하는 것과 일치하는 부분인 [고린도후서] 10-13장을 언급하고 있을 수 있다. (John D. Barry, ed., *Faithlife Study Bible* [Bellingham, WA: Lexham Press, 2012], 고전 2:3).

3 고린도후서 2:5-11은 이 책 5장, "얼룩말, 사자, 그리고 신학"에서 다루어진다.

4 보기 쉽도록 경로를 많이 단순화했다.

5 보기 쉽도록 경로를 많이 단순화했다.

6 Rend Collective Experiment, "The Cost," *Homemade Worship*

by Handmade People (Colorado Springs, CO: Kingsway Music, 2012).

7 이 내용은 Rend Collective Experiment의 노래인 "The Cost"(앞의 각주를 참조하라)의 정서를 반영한 것이다. 예수님은 누가복음 9:57-62에서 이러한 원리를 분명히 밝혔다.

8 고린도 교회에는 유대인 신자들과 비-유대인 신자들 모두 있었다. 고린도에서 바울의 사역은 우선 유대인들에게 초점이 맞추어져 있었다(행 18:5).

9 율법에 대한 바울의 입장을 좀 더 자세히 알고자 한다면, 부록 A "바울 신학에서의 육신과 율법"을 참조하라.

10 나중에 바울은 이런 지도자들이 거짓 복음을 퍼뜨리고 있음을 지적한다(고후 11:4-7). 10장 "지극히 크다는 사도들, 그리고 그리스도 안에서 자랑하기"에서 이에 관한 나의 논의를 참조하라.

5장. 얼룩말, 사자, 그리고 신학

1 고린도전서 5:1-13에 나오는 "사탄에게 내주었"던 사람이 고린도후서 2:5-11에서 바울이 말한 사람과 동일인이 아닐지라도, 이것은 여전히 흥미로운 병행 구절이다. 이 두 구절을 함께 검토할 때, 우리는 바울이 누군가를 거부하고 이전에 거부한 누군가를 다시 받아들이는 모습을 볼 수 있다. 비록 이 둘이 다른 사람들일지라도, 우리는 여전히 바울이 교회의 거룩함을 유지하는 동시에 화해를 이루려는 온전한 관점을 가지고 있음을 볼 수 있다.

고린도후서 2:5-11에서 언급한 범법자의 정체에 관한 다른 설명들이 있다. 이러한 해석적 예시들은 고린도에서 벌어졌던 성적 부도덕과 관련된 사람을 포함하지만 그렇다고 여기에 제한되지만은 않는다. 예를 들어, 고린도 이방 신전에 가는 것(그리고 그곳에서 벌어지는 성적인 행위에 참여하는 것)을 옹호하는 사람, "근심스러운 방문" 당시 (혹은 그 방문 직후) 바울을 대적한 사람, 예루살렘 성도들을 위한 헌금을 유용한 사람, 그리고 심지어 회중의 구성원이 아니었던 사람도 있다.

2 또 다른 곳에서 바울은 그리스도를 만나기 이전에 교회를 박해했던 자신의 삶을 언급하면서 자신이 어느 정도로 죄인들 중에서 "괴수"인지에 관해 이야기했다(딤전 1:15). 같은 본문에서 바울은 하나님의 은혜가 얼마나 놀라운 것인지를 자세히 설명한다(딤전 1:12-17). 이런 관점에서 볼 때, 바울은 단순히 죄를 지었다는 이유로 누군가를 그리스도인 공동체에서 배제했던 것 같지는 않다. 따라서 바울이 고린도 교회 공동체에서 끊어 내라고 말한 그 사람은 아마도 공개적으로, 반복적으로 죄를 지었을 것이다(고전 5:1-5). 또한 그 사람은 너무 심각한 죄를 지어서 고린도 교회 공동체는 공동체의 평판과 안전을 지키기 위해 그와의 관계를 끊어야 했을 것이다. 비록 이러한 이유가 바울이 고린도 교인들에게 그 사람과의 관계를 끊으라고 말한 이유 중 하나일 테지만, 더 큰 목적은 "영은 주 예수의 날에 구원을 받게 하려 함"이었다. 즉, 그 사람을 그리스도인들의 공동체에서 쫓아냄으로써 그로 하여금 그의 죄를 깨닫게 하여 예수에게 돌아가도록 함을 의도한 것이다(고전 5:5).

그 사람을 사탄에게 내준 것에 대해 이야기함에 있어, 바울은 다음 몇 가지 중 하나를 의미했을 것이다. "[바울은 아마도 고린도 교회 공동체가] 사탄에 의해 정죄를 받도록 내버려 두는 것을 암시하고 있었을 것이다. 만약 이것이 사실인 경우, 바울은 욥기에서와 동일한 방식으로 그 용어를 사용하는 것이다(욥 1:6-2:8). 또한 바울은 신자들의 공동체 밖에 있는 사람들이 사탄의 영역에 속해 있다는 것을 암시하고 있었을 수 있다(고후 6:14과 딤전 1:20을 보라). 그러한 경우에, 바울은 그 죄인이 악한 자(사탄)가 다스리는 죄의 영역에 넘겨짐을 암시하고 있었을 것이다. 이 두 가지 추측이 모두 적용될 수 있다. … 바울은 [또한] 사람들이 믿는 자들의 공동체의 일원일 때, 이들은 사탄에 의해 정죄받을 수 없음을, 그리고 [사람들]이 [믿는 자들의 공동체의 일원이] 아닐 때, [사탄]은 그가 원하는 대로 할 수 있음을 암시하고 있었을 수 있다. 따라서 죄 가운데 있는 사람은 악의 영역으로 넘겨지고 정죄받고 심판받는다는 것이 얼마나 끔찍한 일인 줄을 깨닫게 될 때, 그제야 그는 회개하고 되돌아오기를 선택할 것이다."(John D. Barry, ed., *Faithlife Study Bible* [Bellingham, WA: Lexham Press, 2012, 1 Cor 5:5]).

3 *The Lord of the Rings: The Two Towers*, directed by Peter Jackson

(Los Angeles: New Line Cinema, 2002).

4 Beryl Markham, *West with the Night* (Boston: Houghton Mifflin, 1942; repr., New York: Farrar, Straus & Giroux, 2013).

5 물론, 과거에 성범죄에 저질렀거나 강력 범죄를 저지른 사람들처럼, 교회가 반드시 다루어야 할 극단적인 경우들도 있다. 모든 교회는 안전을, 특히 어린이들과 공동체 안에서 취약한 사람들의 안전을 최우선 순위로 삼아야 한다. 교회는 안전 규약을 갖추어야 하며 지도자들과 직원(그리고 현장에 있는 계약 직원들)에 대한 신원 확인을 요청해야 한다.

6장. 당신은 진정 누구를 위해 일하는가?

1 이와 같은 생각은 페브러리 버즈(February Birds)의 노래인 "Christ in the Middle" (*Souls & Streets Where Hope Moves*, Bellingham, WA: February Birds, 2013)에서 영감을 받았다.

2 Michael Heiser, "Who is the God of this World?," *Bible Study Magazine*, January/February 2014, 44-45을 참조하라. 비록 몇몇 교부들은 고린도후서 4:3-4에서 언급된 이 세상의 신이 하나님이라고 생각했지만, 마이클 하이저는 바울이 사탄을 언급하고 있다고 주장한다. 나 역시 이 주장에 동의한다. 에베소서 2:1-2의 문맥은 고린도후서 3-4장과 유사하다. 이 문맥은 사람들이 왜 복음을 믿지 않고 심지어 왜 이에 대적하는지를 설명한다. 빌립보서 3:19에서 바울이 데오스(theos)라는 용어를 사용했다는 것은 그 용어가 지배권을 행사하는 것을 뜻하기 위해 사용될 수 있음을 보여 주기 때문에, 사탄이 믿지 않는 자들을 다스리는 것은 이 용어로 쉽게 설명할 수 있다(Heiser, "Who is the God of this World?," 45).

3 이러한 점을 지적한 사람은 내가 처음이 아님은 분명하다. 하지만 내가 이러한 생각을 어디서 처음 접했는지 기억이 나지 않는다. John Bunyan, *Pilgrim's Progress* (1678; repr., London: James Clarke, 1987)는 이 점을 잘 보여 준다. 마찬가지로, *The Two Towers* (directed by Peter Jackson; Los Angeles: New Line Cinema, 2002)에서 샘와

이즈 갬지가 옛날이야기들에 나오는 큰 시련을 겪은 인물들에 대해 이야기할 때 유사한 점이 있다.

4 바울이 사용한 "육신"이라는 용어에 대한 더 자세한 내용은 부록인 "바울 신학에서의 육신과 율법"을 참조하라.

5 필자의 번역이다.

6 필자의 번역이다.

7장. 기쁨과 근심, 그리고 화해

1 요한복음 1:4-5을 참조하라; 요한복음 12:46과 요한일서 1:5-8을 비교해 보라.

2 "디도는 바울과 함께 예루살렘으로 갔고, 그곳에서 사도인 베드로와 야고보와 요한은 이방인들을 향한 바울의 사역을 확증했다(갈 2:1-10). 또한 디도는 고린도 교회에서 바울을 대표해서 섬겼고, 그곳에서 예루살렘의 가난한 자들을 위한 연보를 모금했다(고후 8:6-7). 디도의 성품과 헌신으로 인해, 사도들과 교회는 그를 높이 평가했다."(고후 8:18-19)(ed. John D. Barry, "Titus," *Faithlife Study Bible* [Bellingham, WA: Lexham Press, 2012], Titus 1:4).

3 Paul Williams and Kenneth Ascher, "Rainbow Connection," *The Muppet Movie* (Los Angeles, CA: Henderson Associates; London: ITC Entertainment, 1979).

4 *Faithlife Study Bible*에서 발췌한 내용이다. "카쉬트(qasht)로 번역된 히브리 단어는 궁수의 활을 묘사하는 데 가장 자주 사용된다. '구름'처럼 생긴 모양은 분명히 무지개를 나타내지만, 거기에 군사적인 함의가 있다는 점을 여전히 이야기할 수 있다. 무지개는 아마도 상징적으로는 하나님이 전쟁에 사용하시는 활을 말하는 것일 수 있다. 말하자면, 하나님은 그분의 진노가 끝나고 나서 자신의 활을 걸어 두셨던 것이다."(ed. John D. Barry; *Faithlife Study Bible* [Bellingham, WA: Lexham Press, 2012], 창 9:13).

5 유다와 베드로(유 1:5; 벧전 3:18-20; 벧후 2:4-5) 모두 이를 정확히 설명하기 위해 노아의 모티프를 사용한다. 따라서 성서 신학적 관점에서 볼 때, 악으로부터(그리고 타락한 교사들로부터)의 분리에 대한 바울의 생각은 그들의 의견과 일치할 것이다. 바울 자신은 홍수라는 용어를 사용하지 않기에, 여기서 그 용어는 유비적 방식을 통해서 촉발되고 개연성 있어 보이는 성경 신학적 연관성들을 만들어 낸다(John D. Barry and Miles Custis, *2 Peter & Jude: Contend for the Faith*, Not Your Average Bible Study Series [Bellingham, WA: Lexham Press, 2014]).

8장. 가난한 사람들을 사랑하기

1 마게도냐 지역에 있는 교회로는 빌립보, 데살로니가, 베뢰아 교회가 있다(행 16:11-17:15; 20:1-6). 바울은 이 교회들을 2차, 3차 선교 여행 중에 방문했다. 이 경우, 바울은 2차 선교 여행을 언급하고 있다.

2 도표는 John D. Barry, ed., *Faithlife Study Bible* (Bellingham, WA: Lexham Press, 2012)에서 가져온 것이다. 고린도전서 2:13.

3 Steve Corbett and Dr. Brian Fikkert, *When Helping Hurts* (Chicago: Moody, 2009)와 Robert Lupton, *Toxic Charity* (San Francisco: HarperCollins, 2012)을 참조하라.

4 원데이웨이지스(One Day's Wages)의 유진 조 목사는 그의 블로그와 페이스북에서 비슷한 말을 자주한다. 나는 그의 생각을 읽기 전에도 이와 같은 일을 언급해 왔지만, 그의 말을 들으며 나는 소위 "비판"이라는 해로운 정신은 모든 지도자들이 다루고 있는 문제라는 생각이 들었다.

5 *Faithlife Study Bible*은 이 유명한 형제에 대한 해석적 예시들에 대한 좋은 요약을 제공한다. "그리스도 안에서의 이 '형제'의 정체는 알려져 있지 않다. 그는 아마도 아볼로(행 18:24-28), 디모데(고린도후서의 공동 발신자; 1:1), 혹은 사도행전 19:29에 나열된 바울의 마게도냐 여행 동반자 중 한 사람이었을 것이다. 바울이 그의 이름을 언급하지 않았

다는 사실은 그 교회가 이미 그를 알고 있었음을 암시한다."(ed. John D. Barry, *Faithlife Study Bible* [Bellingham, WA: Lexham Press, 2012], 고후 8:18).

6 바울은 이 세 사람을 가리켜 "여러 교회의 사자들" 혹은 더 문자적으로 표현하자면 "여러 교회들의 사도들"로 언급한다. 이는 그들이 사도들(교회의 직분이라는 의미에서)이거나 교회가 "파송한 사람들"임을 의미할 수 있다. 따라서 영어 번역으로는 "사자들"이다. 그 유명한 설교자와 함께 디도 역시 포함되어 있으므로, "교회 직분"이라는 의미에서 "사도"라는 용어가 더욱 그럴듯한 해석으로 보인다.

7 Abraham Kuyper, "Sphere Sovereignty," *Abraham Kuyper: A Centennial Reader* (ed. James D. Bratt; Grand Rapids: Eerdmans, 1998), 461-90. 이 인용문은 "땅과 거기에 충만한 것과 세계와 그 가운데에 사는 자들은 다 여호와의 것이로다"(시 24:1; 시 50:12; 89:11과 비교해 보라)라는 구절을 상기시킨다.

9장. 어두움을 대적하는 영적 전쟁

1 바울이 사용한 "육신"이라는 용어에 대한 더욱 자세한 내용은 부록 A "바울 신학에서의 육신과 율법"을 참조하라.

2 필자의 번역이다. 또한 즉각적으로 떠오르는 생각들과 상황에 기초해서 더 나은 표현으로 약간 수정했다.

3 John D. Barry et al., eds., "2 Corinthians-A Call to Reconciliation," *DIY Bible Study* (Bellingham, WA: Lexham Press, 2014).

4 5장 "얼룩말, 사자, 그리고 신학"에서 "고린도의 사탄과 메시아"를 참조하라.

10장. 지극히 크다는 사도들, 그리고 그리스도 안에서 자랑하기

1 바울은 이전에 일인칭으로 이야기했기 때문에 나로서는 이 지점에서

바울이 다른 사람에 대해 이야기하고 있다는 해석을 지지하게 되었다. 더구나, 고린도후서 11:5에서 바울의 진술은 이러한 견해를 지지하는 듯하다. 바울은 이 사람의 영적 경험에 대해 자랑하겠지만, 자신의 영적 경험에 대해서는 그러지 않을 것이다. 게다가, 바울은 누구든지 보고 듣는 것 이상으로, 즉 경험을 통해서 확증할 수 있는 것 이상으로 자신에 대해 생각하지 않기를 바랐다(고후 11:6). 그럼에도 불구하고 이 일은 본질적으로 "영적"이기 때문에 바울은 고린도 교인들이 이 이야기에 너무 집착하지 않도록 이를 말하는 데 있어서 자신과 거리를 두고자 했을 가능성이 있음은 분명하다. 바울이 의미한 "셋째 하늘"에 대한 내용과 이 사건을 어떻게 해석해야 하는지에 대해서는 부록 B "바울과 '셋째 하늘'"을 참조하라.

2 이것은 본질적으로 고린도후서 6:14-7:1에서 바울의 진술이 강조하는 것과 동일한 요점이다. 그리스도는 우리가 가장 귀하게 여겨야 할 분이며, 우리가 삶의 중심에 두어야 할 유일한 분이다. 그 외에 다른 곳에서 오는 힘은 사탄이 우리를 기만하는 것일 뿐이다.

3 *Faithlife Study Bible*은 이에 대한 가능한 해석을 다음과 같이 요약한다. "이 '가시'는 고린도 교회에 대해 바울 내면에서 일어나는 정서적 혼란(2:4), … 바울을 대적하는 사람들(예를 들어, 거짓 사도들; 11:1-5), 신체적인 질병(예를 들어, 좋지 않은 시력), 그의 수사적 능력(10:10), 혹은 마귀의 방해(살전 2:18에서처럼 일반적으로든 특수한 경우로든 이 두 가지 모두)를 언급하는 것일 수 있다. '사자'라는 용어는 바울을 괴롭게 했던 악마적 실체를 가리키는 것일 수 있다. 또한 이 용어는 단순히 은유적일 수 있으며, 어떤 초자연적인 대적을 가리킨다기보다 고통을 가리키는 것일 수 있다. 그러나 은유적인 언어조차 어떤 종류의 실제적 고통을 의미하는 것으로 보이는데, 그 자체로는 바울의 정신과 영혼 안에서 일어나는 일종의 악마적인 것에 대한 표현일 수 있다. 바울은 그것이 자신에게서 떠나가도록 기도하고 있다. 만약 바울의 마음속에 악한 존재가 있었다면, 그것은 바울을 시험하거나, 육체적 고통을 일으키거나, 그의 과거(그리고 현재)의 잘못을 지적해서 그것으로 그의 발목을 잡아 그를 자유롭게 하기보다 오히려 죄책감을 느끼게(하여 그로 하여금 그리스도의 은총을 온전히 경험하기 어렵게) 할 수

있었을 것이다. 아마도 바울은 '사탄'이라는 용어를 사용함으로써 이 세계 안에서 하나님의 사역에 반대하는 악한 존재를 가리키고자 했을 것이다. 이 존재는 바울을 대적하기 위해 또 다른 악한 존재(마귀)를 보낸 것으로 보인다. 아니면, 바울은 여기서 악한 영적 존재가 아니라 단순하게 '고소하는 자'(prosecutor) 혹은 '참소하는 자'(accuser)를 가리키기 위해 사타나스(Satanas)라는 용어를 사용하는 것일 수 있다. … [하지만 이후] 바울은 또 다른 곳에서 이 용어를 실재하는 악한 존재를 가리키기 위해 사용한 것으로 보인다(11:14; 고전 5:5에 대한 각주와 비교해 보라; 또한 고전 7:5; 고후 2:11을 참조하라). … (그리고 이후) 바울은 이 존재를 하와를 속였던 옛 뱀과 연관시킨다(11:3을 참조하라). … [바울은 사탄을 하나의 악한 인격체로 생각하고 있었던 것 같다.]" (John D. Barry, ed., *Faithlife Study Bible* [Bellingham, WA: Lexham Press, 2012], 고후 12:7).

4 이 내용은 브레넌 매닝(Brennan Manning)의 책, *Ruthless Trust* (Grand Rapids: Zondervan, 2009)에 잘 설명되어 있으며, 이 주제에 대한 내 생각에 영향을 주었다.

5 John D. Barry, ed., *Faithlife Study Bible* (Bellingham, WA: Lexham Press, 2012), 고린도후서 12:7.

6 Neil T. Anderson, *The Bondage Breaker* (Eugene, OR: Harvest House, 2006)을 참조하라. 이 책은 어떻게 그리스도인들이 죄악으로 인해 고통당하는지와, 어떻게 이로부터 자유로워질 수 있는지를 구체적으로 탐구한다. 이 책은 반복되는 죄와 싸우고자 하는 사람 혹은 우울함을 느끼는 모든 사람을 위한 유용한 자료이다.

7 William Wilberforce, *A Practical View of Christianity* (1797; repr., Peabody, MA: Hendrickson, 1996), 32.

8 더 나아가, 바울은 이 본문에서 디도, 그리고 그와 함께 온 형제가 자신이 행한 것과 같은 길을 걸어오면서, 자신과 함께 "동일한 성령"을 좇아 행했다고 지적한다. 이들 역시 자유롭게 사역했다(고후 12:18).

9 혼란(무질서)은 12:20에서 바울이 나열한 죄 목록 안에서 어울리지 않아 보인다. 그러나 우리가 고린도전서를 되짚어 보고 무질서한 예배와

관련된 문제들을 살펴본다면, 바울이 의미했던 것이 무엇인지 쉽게 이해할 수 있다(고전 11-14장을 참조하라; 갈 5:19-20과 비교해 보라).

10 1장인 "서론: 생명줄"에서 "개요" 부분을 참조하라.

11장. 결론

1 *The Lord of the Rings: The Return of the King*, directed by Peter Jackson (Los Angeles: New Line Cinema, 2003).

부록 A. 바울 신학에서의 육신과 율법

1 필자의 번역이다.

2 Steven E. Runge, "Spirit and Flesh in Paul's Letters," *Faithlife Study Bible*, ed. John D. Barry (Bellingham, WA: Lexham Press, 2012).

3 Derek R. Brown, *"The God of This Age": Satan in the Churches and Letters of the Apostle Paul*, Wissenschaftliche Untersuchungen zum Neuen Testament II (Tübingen: Mohr Siebeck, forthcoming). 5장 "얼룩말, 사자, 그리고 신학"을 참조하라.

4 고린도후서에 나타난 바울의 율법에 대한 견해에 관하여 많은 논쟁이 있다. 이 논쟁은 Derek R. Brown, Wendy Widder, and E. Tod Twist, *Lexham Bible Guide: 2 Corinthians*, ed. by John D. Barry and Douglas Mangum (Bellingham, WA: Lexham Press, 2013)에 잘 요약되어 있다. 그 내용은 다음과 같다.

> 일찍이 오리겐(AD 250년경)과 같은 시대에 살던 학자들은 (고후 3:6에서 나오는) 바울의 주장을 성경에 대한 '문자적'('조문') 접근과 '영적' 혹은 은유적 접근 [사이의 대립]으로 해석했다. … 종교개혁 이후 대부분 해석자들은 바울이 옛 언약과 새 언약을 대조하고 있다고 이해했다. 이러한 일반적으로 일치하는 이해 가운데 바울이 의도했던 바에 대하

여 최소한 세 가지 관점이 있다. 첫 번째 관점은 바울이 율법('조문')과 복음('영')을 대조하고 있다는 입장이다. … 율법의 목적은 사람들을 복음에로, 그리고 용서와 능력의 메시지에로 인도하는 것이다. 그러나 많은 학자들은 율법에 대한 그런 부정적인 이해를 불편해하고 있으며, 이러한 이해가 율법에 대한 구약의 묘사나 율법에 대한 바울의 더 넓은 견해를 정확하게 나타내고 있다고 생각하지 않는다. 이들은 바울이 율법 그 자체를 의미했다기보다 포로기 이후 유대교에 의해 이루어진 율법에 대한 율법주의적 왜곡을 의미했다고 주장한다. … '조문'이 가진 문제는 인간이 그것을 지키기 위해 성령의 능력이 아니라 자기 스스로를 의지한다는 점이다.

세 번째 해석은 바울이 구원사의 두 시대를 묘사하고 있다는 것이다. 이 관점에서 보면 바울의 강조점은 언약 각각의 내용에 있는 것이 아니라 그 특성에 있었다. 돌판에 쓴 옛 언약(고후 3:3)은 외적 언약인 반면, 새 언약은 육체에 새겨졌다(고후 3:3). 옛 언약의 약점은 그것이 말하는 바에 있지 않고, 그것을 지키고자 하는 사람들의 본성에 있었다.

여기서, 나는 기본적으로 바울이 이 세 가지 해석적 관점을 모두 염두에 두고 있었다고 주장하는 바이다.

5 Nijay K. Gupta, "The Torah: Like a Spare Tire," *Bible Study Magazine*, September/October 2010, 31.

부록 B. 바울과 "셋째 하늘"

1 John D. Barry and Miles Custis, "Paul and the 'Third Heaven,'" in *Faithlife Study Bible* (ed. John D. Barry, Michael S. Heiser, Miles C. Custis, Douglas Mangum, Matthew M. Whitehead, and Michael R. Grigoni, Bellingham, WA: Lexham Press, 2012).

이레서원 추천 도서

성경 연구

1. 『중동의 눈으로 본 예수님의 비유』 케네스 E. 베일리(오광만 역), 152×225, 400쪽
2. 『하나님 중심의 성경 해석학』 번 S. 포이트레스(최승락 역), 152×225, 352쪽
3. 『히브리서 산책: 성취와 기다림』 최승락, 140×200, 224쪽
4. 『성경 역사, 지리학, 고고학 아틀라스』 앤손 F. 레이니 외(강성열 역), 240×320, 562쪽
5. 『예수님의 비유』 최갑종, 152×223, 470쪽
6. 『갈라디아서』 최갑종, 152×225, 696쪽
7. 『(이해와 설교를 위한) 고린도후서 주석』 조석민, 152×225, 296쪽
8. 『로마서: 이방인의 사도가 전한 복음』 최종상, 152×223, 496쪽
9. 『어떻게 천천히 읽을 것인가』 제임스 사이어(이나경 역), 139×216, 264쪽
10. 『(이해와 설교를 위한) 요한복음』 조석민, 152×225, 520쪽
11. 『다시 읽는 창세기』 민경구, 152×223, 312쪽
12. 『예수님의 비유 해석 입문: 배경, 해석사, 해석 원리와 실제』 로버트 스타인(오광만 역), 150×220, 280쪽
13. 『골로새서·빌레몬서』(한국성경주석 12) 길성남, 152×225, 464쪽
14. 『고린도에서 보낸 일주일: 바울 사역의 사회적, 문화적 정황 이야기』 벤 위더링턴 3세(오현미 역), 140×200, 232쪽
15. 『에베소에서 보낸 일주일: 1세기 그리스도인은 요한계시록을 어떤 의미로 읽었을까?』 데이비드 드실바(이여진 역), 140×200, 264쪽
16. 『고대 문학의 렌즈로 보는 성경』 마셜 존슨(차준희 역), 140×210, 272쪽
17. 『요한복음 연구』 조석민 외, 152×225, 336쪽
18. 『성경 한눈에 보기: 구약』 전희준, 133×225, 377쪽
19. 『성경 한눈에 보기: 신약』 전희준, 133×225, 280쪽
20. 『성경 해석의 관점』 류호영, 152×225, 471쪽
21. 『성경 해석의 방법과 실제』 류호영, 152×225, 471쪽
22. 『마태복음』(한국성경주석 01) 양용의, 152×225, 1511쪽
23. 『막힘없이 성경 읽기』 머리 해리스(오현미 역), 147×220, 320쪽
24. 『그리스도의 종인가 노예인가?』 머리 해리스(이여진 역), 147×220, 304쪽

신학

1. 『마크 존스의 선행과 상급』 마크 존스(오현미 역), 130×200, 248쪽
2. 『마크 존스의 예수 그리스도』 마크 존스(오현미 역), 130×200, 120쪽
3. 『조지 래드의 종말론 강의』 조지 래드(이승구 역), 148×210, 232쪽
4. 『칭의의 여러 얼굴』 제임스 패커 외(김형원 역), 140×200, 304쪽
5. 『선지자적 반시대성』 오스 기니스(김형원 역), 124×182, 192쪽
6. 『예수님과 안식일 그리고 주일』 양용의, 152×223, 456쪽
7. 『삼위일체: 신약신학 · 실천신학적 연구』 리처드 보컴 외(신호섭 역), 152×225, 400쪽
8. 『구약의 그리스도, 어떻게 설교할 것인가』 시드니 그레이다누스(김진섭, 류호영, 류호준 역), 152×223, 536쪽
9. 『아들을 경배함: 초창기 기독교 예배 의식 속의 예수』 래리 허타도(송동민 역), 140×200, 168쪽
10. 『바울 복음의 심장: 개인, 교회, 창조세계를 변화시키는 복음』 데이비드 드실바(오광만 역), 140×200, 224쪽
11. 『(소요리문답과 함께하는) 365 교리 묵상』 임경근, 152×225, 392쪽
12. 『예배학 지도 그리기: 목회자와 예배 사역자를 위한 예배 기획 지침서』 문화랑, 150×220, 248쪽
13. 『영적 전쟁: 바울 서신으로 본 사탄과 악한 영들』 클린턴 E. 아놀드(길성남 역), 152×225, 320쪽
14. 『바울에 관한 새로운 탐구』 티모 라토(김명일 역), 124×182, 120쪽
15. 『기독교 교파 한눈에 보기』 전희준, 140×200, 144쪽
16. 『칼뱅, 참여, 그리고 선물: 그리스도와 연합한 신자는 어떻게 살아야 하는가』 토드 빌링스(송용원 역), 140×210, 328쪽
17. 『바울과 믿음 언어: 그리스도인의 믿음은 지적 동의인가, 신실한 행함인가』 니제이 굽타(송동민 역), 147×220, 384쪽
18. 『바울의 사역 원리: 성도를 온전하게 하고 세상을 위로하는 교회 세우기』 김명일, 140×200, 168쪽
19. 『성경의 그림 언어와 상징 해석: 성경과 신학에 사용된 그림 언어의 힘과 오용』 앤서니 티슬턴(최승락 역), 147×220, 440쪽
20. 『바울이라는 세계: 바울 연구의 주요 경향과 논쟁 탐구』 벤 위더링턴 3세, 제이슨 마이어스(안규식 역), 147×220, 342쪽
21. 『그리스도의 승천: 방치되어 있던 교리의 재발견』 패트릭 슈라이너(박장훈 역), 140×200, 184쪽
22. 『이야기 마가복음: 마가복음 서사 비평 입문』 데이비드 로즈, 조안나 듀이, 도널드 미키(양재훈 역), 137×210, 392쪽